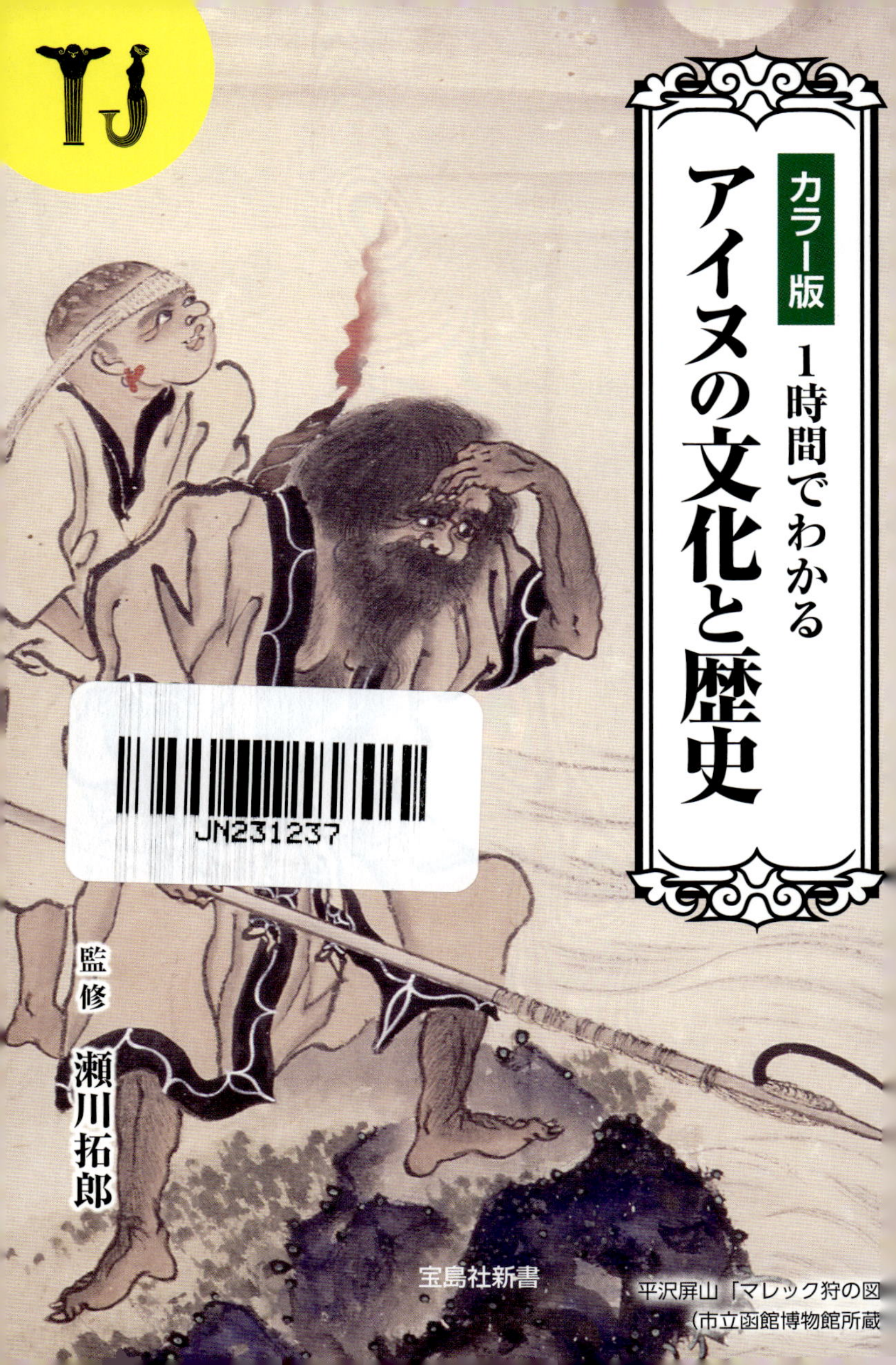

カラー版

1時間でわかる

アイヌの文化と歴史

監修 瀬川拓郎

宝島社新書

平沢屏山「マレック狩の図
（市立函館博物館所蔵

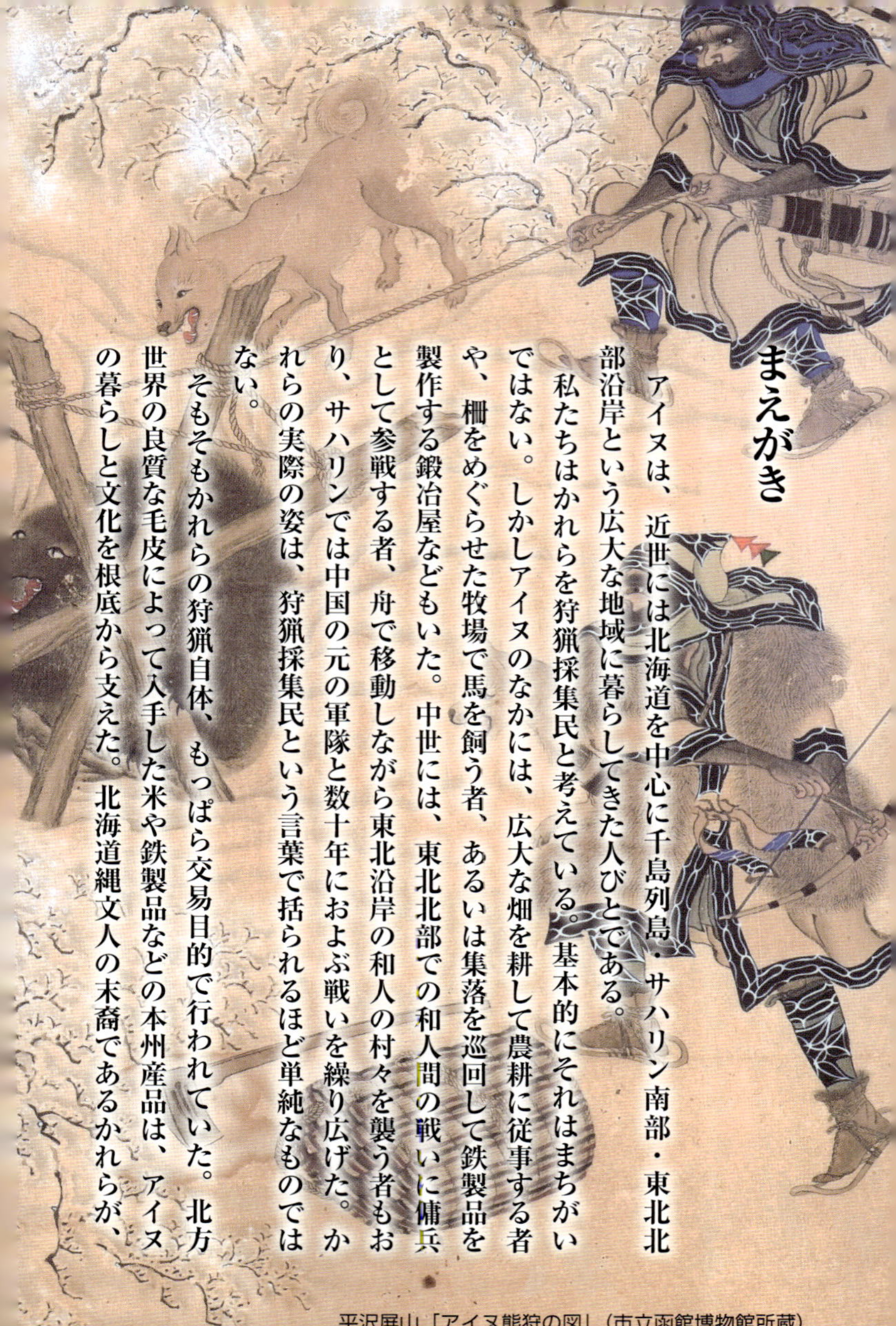

まえがき

アイヌは、近世には北海道を中心に千島列島・サハリン南部・東北北部沿岸という広大な地域に暮らしてきた人びとである。

私たちはかれらを狩猟採集民と考えている。基本的にそれはまちがいではない。しかしアイヌのなかには、広大な畑を耕して農耕に従事する者や、柵をめぐらせた牧場で馬を飼う者、あるいは集落を巡回して鉄製品を製作する鍛冶屋などもいた。中世には、東北北部での和人間の戦いに傭兵として参戦する者、舟で移動しながら東北沿岸の和人の村々を襲う者もおり、サハリンでは中国の元の軍隊と数十年におよぶ戦いを繰り広げた。かれらの実際の姿は、狩猟採集民という言葉で括られるほど単純なものではない。

そもそもかれらの狩猟自体、もっぱら交易目的で行われていた。北方世界の良質な毛皮によって入手した米や鉄製品などの本州産品は、アイヌの暮らしと文化を根底から支えた。北海道縄文人の末裔であるかれらが、

平沢屏山「アイヌ熊狩の図」（市立函館博物館所蔵）

古代以降サハリンや千島など北東アジア世界へ進出していったのも、本州向けの商品の開発と入手にかかわっていた。アイヌは交易民であり、広大な地域を海で結ぶ海洋民でもあったのである。

北海道と本州は、津軽海峡を隔てて指呼の間にある。二つの島の人びとは、縄文時代から往来を繰り返してきた。旧石器時代の人びとも、舟でこの海峡を渡った。しかし、両地域の濃密な交流にもかかわらず、北海道ではアイヌ語という日本語とは大きく異なる言語、日本文化とは異なる独自の文化が保たれてきた。そこには、農耕民として自立するには不適な北海道の寒冷な自然を優位性に読み替え、本州の人びとと対等な共生の関係を築こうとした、北海道縄文人の末裔の歴史が深くかかわっている。

私たちは、アイヌの複雑な歴史も、かれらの豊かな文化もほとんど知らない。しかしアイヌという厳然たる差異は、日本列島の多様性と可能性、そして私たちが進むべき道を垣間みせてくれるにちがいない。本書がそのための一助となることを願う。

瀬川拓郎

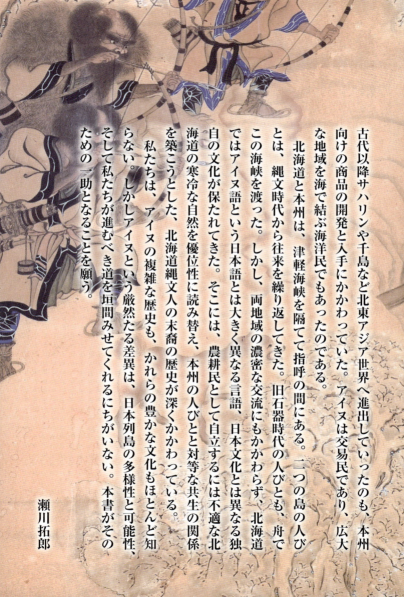

目次

第三章 アイヌの生活

第一章 アイヌの信仰世界

アイヌにとっての神「カムイ」とは、森羅万象である。家の中に、海の中に、森の中に無数に神々が、そして神の化身が宿っている。

人間たちは神の化身であるクマやキツネを迎えることで肉や毛皮を、森の神の化身である大木から木の実を頂く。さらに大木を彫り抜いて舟に加工し、この舟を用いて漁をし、交易に勤しむ。恵みを受けた人間は神に礼として酒や木幣（イナウ）を捧げ、満足した神はさらなる恵みを施す。しかし、時に神は、「神の道に外れた」行いをし、アイヌにとっては不条理に感じるような災厄をもたらす場合もある。そんな折、アイヌは祟りを恐れることなく、丁寧な祈りと弁舌をもって神に抗議する。アイヌにとっての神は絶対的な超越者ではなく、人間とは相利共栄の関係の存在なのである。

祭壇に祀られる熊の肉体は、「神が人間のために土産として携えたもの」である。人間は熊の神を留め置いて心を込めてもてなした末に魂を天界に返し、さらなる恵みを願う。
祭壇の周りに飾られた漆器や宝刀、小袖など多彩な本州製品にも注目
アイヌ絵師・平沢屏山「アイヌ熊送の図」（函館中央図書館所蔵）

アイヌの創造神話

幕末の探検家・松浦武四郎は、石狩川支流の夕張川流域を調査した折、タッコプの村（現在の栗山町丸山地区）で博識の老人から、アイヌの天地創造伝説を教わったという。

天地の始まりは混沌としていた。その混沌の重い部分が集まり地となり、軽い部分が天となった。やがて地には国作りの男神が生まれ、天からは女神が五色の雲に乗って地に降り立った。ふた柱の神は青い雲を海原に、黄色の雲を土に、赤い雲を金銀財宝に、白い雲を草木禽獣《きんじゅう》に変えた末に、フクロウのまばたきから「ある事」を悟り、男女の語らいで幾多の神々を生み出す。太陽神と月の神が昇って天を照らし、火の神や大地の神、金属神が狩りや畑仕事、服飾の術などあらゆる文化を人間に教えた。最初に神が降りたった地は、シリベシ山（現在の羊蹄山）であるという。

物語の一部に日本神話との類似性があるが、古来の伝承に日本神話が混交したのか、それが本来の物語であったのか、武四郎による改変があったのかは不明である。

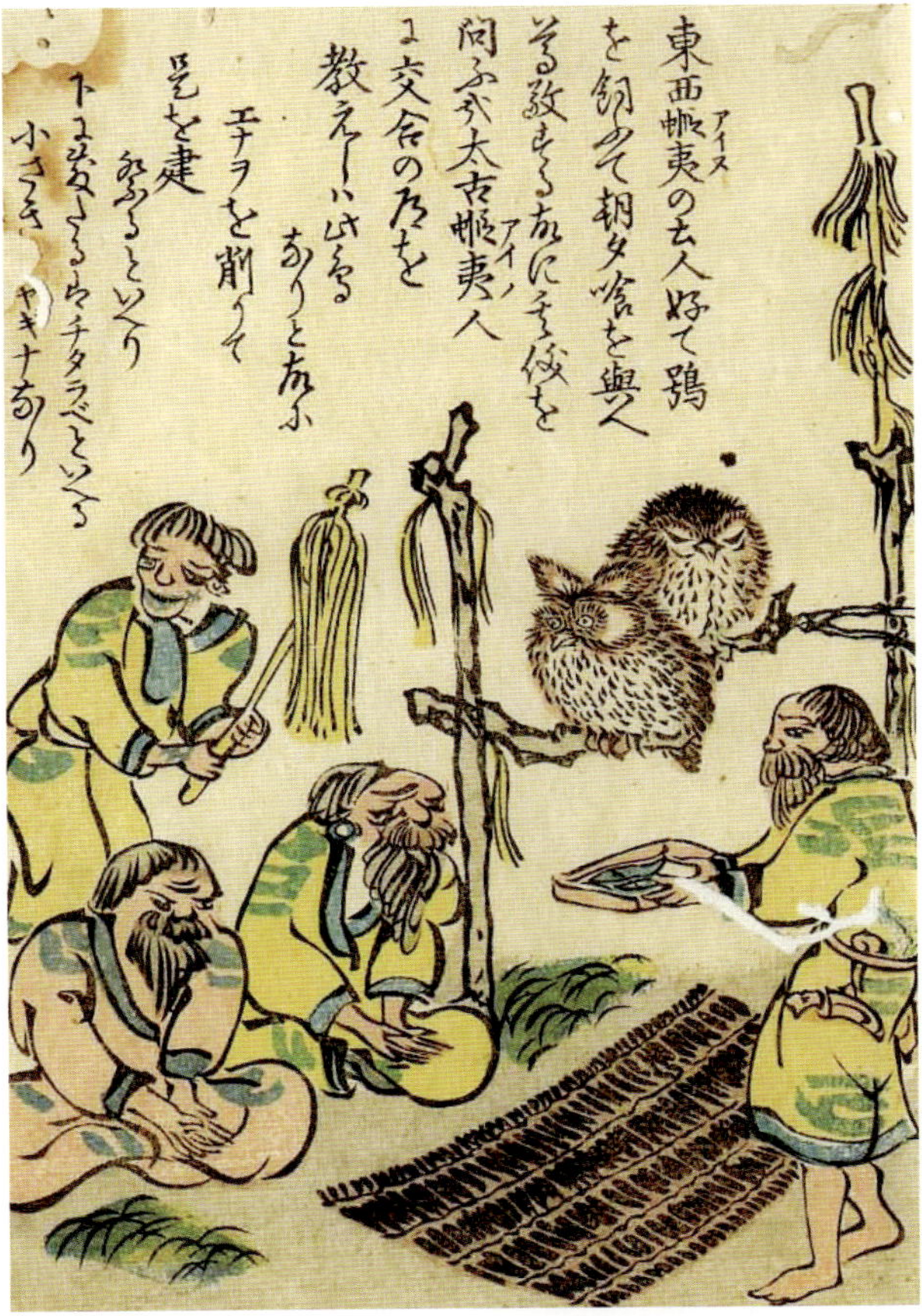

松浦武四郎『蝦夷漫画』（部分・札幌中央図書館所蔵）シマフクロウは天地創造の折、男女の神に和合のすべを伝えた鳥と伝えられる。

※アイヌ語の発音には、現在の一般的な日本語では用いていない音が含まれる。本書ではアイヌ語の発音をできるだけ忠実に表記するため、「ㇰ」「ㇷ゚」「ㇻ」「ㇽ」などの小書き文字を使用した「アイヌ語仮名」を用いている。なお、アイヌ語の発音、表記には諸説あることを付記しておく。

アイヌの神々

カムイとは、アイヌ語で神を指す言葉である。神は大自然、世界のすべてに宿っている。家の炉には人間を暖めるアペフチカムイ（火の姥神）が住まい、宝物棚にはチセコロカムイ（家の守り神）が祀られる。水汲み場にはワッカウシカムイ（水神）、山中はシリコロカムイ（大地の神）の領分である。

天ではチェプランケカムイ（魚を降ろす神）、ユッコロカムイ（シカ持つ神）が、それぞれ人間のために天からサケやシカを投げ下ろし、恵みをほどこす。狩りの対象となるクマやキツネ、タヌキは、神が人間のために毛皮と肉の土産を携え、この世に現れた姿とされ、心のよい人間を見込んで狩られるのだという。そのため、アイヌは得た獲物に対し、「自分を訪ねてくれた」ことを感謝して、木幣（イナウ）や酒を捧げて祈る。ちなみに、人間を襲ったクマは神としての資格を失うのだという。ウェンカムイ（邪神）やパコロカムイ（疱瘡神）など人間にあだなすカムイもあり、これらに対しては、アイヌはまじないを駆使して追い払うことになる。

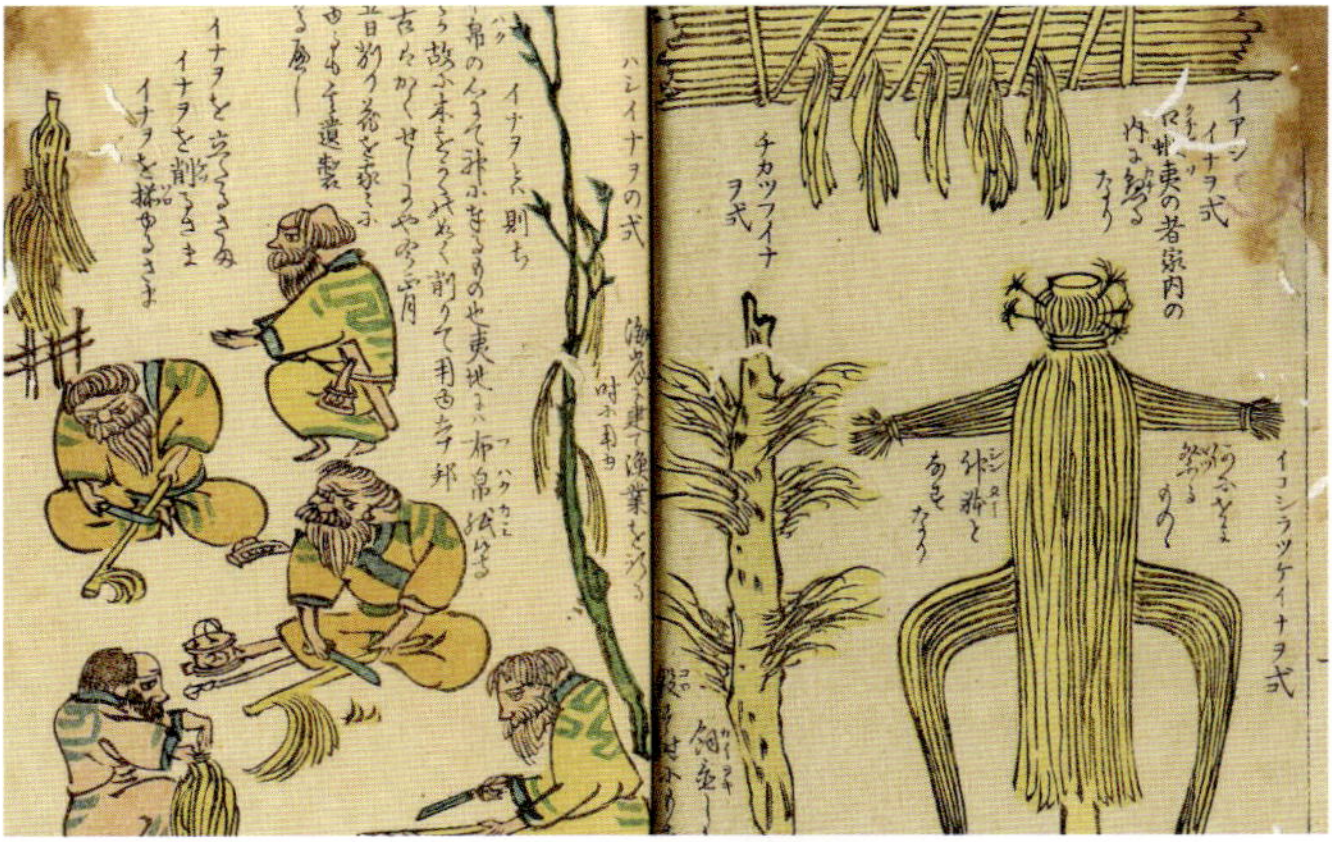

松浦武四郎『蝦夷漫画』（部分・札幌中央図書館所蔵）より。木を房のように削り上げたイナウ（木幣）は、神への贈り物であり、さまざまな種類がある

家の中心のアペオイ（囲炉裏）はアペフチカムイ（火の姥神）が住む神聖な場所である。人間に近しい火の女神は人と他の神々との仲立ちをしてくれる（サッポロピㇼカコタン提供）

ユカラ

アイヌ語には文字がない。そのため口承で先祖の記憶や物語を語り継ぐ。それら「口承文芸」の白眉がユカラだ。一般には、アイヌ語学者金田一京助が表記した「ユーカラ」の名で知られているが、ユカラの表記のほうが実際の発音に近いとの考えから、近年ではユカラと表記されることが多い。

ユカラの演者は炉の前に座り、レプニ（拍子木棒）で、なければ棒で炉縁を叩くなどして拍子をとり、節をつけて、神や英雄の冒険活劇を歌うように語る。

主人公は大抵の場合は孤児で、山中の砦で一人きりで暮らしている。やがて自分が孤独な理由を悟り、冒険の旅に出る。魔を倒し、美女と巡り会い結ばれ故郷に凱旋し、子孫も増えて大円団となる。

ユカラは、神や英雄の活躍を描いた叙事詩で、戦いに次ぐ戦いの場面が繰り広げられる。主人公の少年英雄、ポイヤウンペは空を飛び、水中を突き進み、地中をも駆け巡るといった様子で、まさに超人として描かれている。高揚した聴き手の者も、炉縁

西川北洋『明治初期アイヌ風俗図巻』（函館中央図書館所蔵）より、「シャコロべ語り」と題された一幕。ユカラは地方によってはサコロべ、ハウキとも呼ばれる。演者は炉の前に座り、棒で炉縁を打つリズムに合わせて語り、傍らの者もそれに和す。手前の人物は、内容を日本語訳して和人に語っているようだ

を打ち、時に「ヘッ！ホッ！」と合いの手を入れて囃《はや》したてる。タイミングが悪ければ語りの邪魔になるため、聴衆にも技量が必要だ。

ユカラは、葬式の折には語ってはいけないとされる。語るにしても、必ず一気に最後まで語り終えなくてはならない。仮に語り残せば、死霊が続きを気にして、あの世に行けなくなってしまう。

反対に、クマ送りの宴ではユカラの語りはクライマックスでわざと中断する。クマの神が続きを聞きたくなり、また地上に来てくれることを願ってである。

ウエペケレ（昔話）

アイヌの口承文芸のうち、一般の「昔話」に当たるものをウエペケレと呼ぶ。地方によってはトゥイタクとも呼ばれる。ユカラは雅語と呼ばれる特別な言葉で語るが、昔話はほぼ日常会話に近いアイヌ語で、気安く、それでも幾ばくかの教訓を込めて語られる。私たちが知っている昔話は「昔々、お爺さんとお婆さんが」など、第三者の視点で語られるが、ウエペケレは主人公が自身の体験を語る形式で話が進んでいく。そのため演者も、それぞれ村長やクマの神など主人公になりきって語っていく。最後に教訓を語ったうえで、「〜と、ウラシベツ村の村長が語りました」と、主人公の身分を再度語ってお開きとする。

アイヌ民話には「パナンペとペナンペ」（川下の者と川上の者）という一ジャンルがある。パナンペが奇抜な方法で利益を得るが、ペナンペは真似て大失敗する、日本民話「正直爺さんと欲張り爺さん」と同じパターンだ。こちらは「パナンペがいた、ペナンペがいた」と、第三者の視線で語るのが特徴で、内容も本州の影響が強い。

西川北洋『明治初期アイヌ風俗図巻』（函館中央図書館所蔵）より、オヒョウニレの樹皮をほぐして糸を紡ぐ女性たち。屋内の手仕事の傍らで、昔話が語り伝えられていたのだろう

アイヌの妖怪

アイヌの妖怪として有名なのはコロポックル。最上徳内の『渡島筆記』によると、「コロボクングル子細に唱ふれば、コロボツウンクルなり。又ボツ実はボキなり、コロとはふきの葉なり。ボキ此《ここ》にボツと略呼す。ボキは下といふことなり。コルは持なり、ウンは居也、住也。グルは人といふ義なり。則《すなわち》ふきの葉の下にその茎を持て居る人といへることとなり。」とあり、「蕗の葉の下に棲む人」と説明されている。また、なぜか人に姿を見られることを嫌がるという。小人は、北海道本島から百里先の小島に住んでいるとの伝承があり、ここから、コロポックルとは千島北部に住む千島アイヌであるとの説もある。北海道には、茎の高さが2メートルほどにもなるラワンブキが自生しており、もともとのコロポックル伝承も、現在のわれわれがイメージする手のひらに乗るような、極端な小人ではなかったようだ。

一方、山中にはキムンアイヌ（山の人）と呼ばれる巨人、河にはミントゥチ（カッパ）が棲む。ミントゥチは、カッパ同様、人を水中に引き込んで溺死させる妖怪だと

松浦武四郎「蕗下コロポックル図」（市立函館博物館所蔵）。実際のコㇿポックㇽは、極端に背が低いわけではないらしい

いう。このキムンアイヌとミントゥチには「煙草が大好物」という共通項があり、煙草を差し出せば悪さをされないばかりか、宝物や猟運を授けてくれるという。

北海道に点在した湿地帯には、ケナㇱウナㇻペ（湿地の小母さん）という妖女の伝承がある。ケナㇱウナㇻペはまるで編み籠をかぶったようなザンバラ髪。目も口もなく、高い鼻だけが突きだした顔で、クマを操って人間を襲わせるという。アイヌにとって湿原は利用価値の低い場所であり、それが妖女の住み家の連想に結び付いたのだろうか。

アイヌの儀礼

狩猟・漁労民族であるアイヌには、正月祝いはない。だが春が来れば海岸部でニシンの豊漁を祈るパイカㇻカムイノミ（春の神事）を行う。晩夏になれば、いよいよサケ漁の準備。川神と水神に豊漁を祈るペッカムイノミ（サケを迎える神事・川神祭）を催し、初サケが昇ればマレㇰ（鉤銛《かぎもり》）で丁寧に捕え、神に捧げるアシㇼチェㇷ゚ノミ（新たなるサケの神事）を行う。そして初雪から根雪の季節になり狩猟シーズンが本格化すれば火の神に猟運と安全を祈ったうえで狩りに繰り出していく。結婚に妊娠祈願、地鎮祭に新築祝いと、さまざまな人生儀礼において、アイヌは火の神を仲立ちとして家の神や山川の神に祈る。

アイヌの神事に欠かせない神具が、イナウ（木幣）とイクニㇶ（酒の箸・捧酒箸）だ。木を房のように削ったイナウを人間から贈られた神は、いっそうの神徳を増すと信じられた。イクニㇶに酒をつけて祈ることで、人間の言葉が正確に神へ伝わり、捧げものは数百倍に、一滴の酒でも一樽分になって神の国へ届くと考えられている。

祈りの場面を段階的に示した場面の絵葉書　（左から右）まず椀に酒を満たし、上に捧酒箸を渡して上下に振る。続いて酒を捧酒箸につけて神に捧げ、最後に酒を一口飲む。『アイヌ風俗　二輯六　アイヌの酒宴』（函館中央図書館所蔵）

樺太アイヌの捧酒箸はイクニヒと呼ばれる。アイヌ文化では動物のリアルな姿を描いたり彫ったりするのはタブーとされるが、捧酒箸に限っては動物などの姿をリアルに彫り込む場合もある（市立函館博物館所蔵）

本州伝来の漆器は、酒器や祭器としてアイヌに珍重された。天目台に乗せた椀に濁酒を注ぎ、その上に捧酒箸を渡して神に捧げる（平取町立二風谷アイヌ文化博物館提供）

家から見て神聖な方角の先には祭壇を設ける。
クマの頭骨を祀って各種のイナウを捧げ、
折々の儀式で酒を捧げる（『北海道旭川アイ
ヌ風俗』函館中央図書館所蔵）

イオマンテ

動物神に感謝を込めて送り返すホプニレ

アイヌは、クマやキツネ、タヌキなど狩猟の対象となる動物を「神が人間のために肉や毛皮を土産として携え、この世に現れた姿」と解釈していた。アイヌにとって狩りとは「神から土産物を頂く行為」だったのである。ゆえに神々（ここでは狩猟の対象となる動物たち）は、心の正しくない人間には、狩られないようにすると考えられた。

人間は動物を獲った場合には、動物神に「自分を見込んで訪ねてきてくれた礼」として丁重な祈りとともに、木幣（イナウ）や酒を捧げて霊を送った。一般的に、これをホプニレと呼ぶ。すると、動物神は満足して神の国へと帰り、人間界で心を込めた歓待を受けた神は喜んで、人間界での歓待を忘れず、何度も再訪して肉と毛皮をもたらすだろうとアイヌは考えた。そのような信仰のもとに行われる霊送りの儀式の中で、特に重要なものと考えられたのが、「飼育したクマを神の国へ送る」イオマンテだ。

イオマンテの語を直訳すれば「それを送る」。それ、とは、動物の魂であり、ここでは特にクマの魂を指す。

クマを神の国へ送るイオマンテ

イオマンテは、まず春先に、冬眠中のクマを狩ることからはじまる。巣穴のクマがメスのクマであれば、生まれたばかりの子どものクマも巣穴にいる。アイヌは、母親のクマからは「肉と毛皮の恵み」を受け取り、子どものクマは生かしたまま村へと連れ帰り、その後、上等の餌を捧げて、村で大切に飼う。明治期の胆振《いぶり》地方、白老《しらおい》では、炊いた白米をすり潰し、砂糖を加えた物を子どものクマの餌にしたという記録がある。やがて子どものクマが犬ほどの大きさに成長すれば、丸太を井桁状に組み上げた檻へと移す。村のアイヌは、時に檻の周りで唄い踊り、人間世界の楽しさを、神である子どものクマに堪能していただく。

秋から冬へと季節はめぐり、翌年（あるいは翌々年）の冬に、いよいよクマの神を天界へと送り出す儀式、イオマンテが行われる。村の長老が火の神に厳粛な祈りを捧げたうえで、成長したクマを檻から出し、式場となる村の広場へと連れて行き、そこでヤシケオクニ（子どものクマをつなぐための棒）につなぐ。すると、子どもや若者

イオマンテ当日。檻から出した熊をロープでつなぎ、花矢を射かける。将来のクマ狩りへの鍛錬を込め、特に子どもに射させる

が神への贈り物である花矢（神の国に持ち帰るための土産用の矢）をクマに射かけ、女性はウポポ（歌）を延々と歌い継ぎ、クマ神との別れを惜しむ。

歌が佳境に入ると、花矢に変えて本式の矢（仕留め矢）を射込む。やがてクマは首を丸太で挟まれることで、肉体と魂を分離（息の根が止まる）される。祭壇に安置されたクマの頭部には、クマ神の魂が宿る。人間からの贈り物として団子や酒、大量のイナウを捧げ、改めて丁重な祈りを捧げて神の国にお帰りいただく。

イオマンテは、樺太や沿海州のツ

クマの肉体を祭壇に安置し、改めて丁重な祈りを捧げる。この後、祝宴へと至る（画像はいずれも『蝦夷島奇観』より函館中央図書館所蔵）

ングース系民族に共通する「クマの送り儀礼」に関連するという。また、縄文時代の本州に存在した「イノシシを飼い、魂を天界に送り返す儀式」に由来するという説も、有力なもののひとつである。

北海道にはイノシシが生息しないが、縄文時代から続縄文時代前期の遺跡からは、多数の焼けたイノシシの骨が発見されている。これらは、本州から子どものイノシシを移入して育て、この儀式を行ったと推測される。やがて、イノシシがクマへと置き変わったのがイオマンテなのだという。

アイヌの占い

神と人間は言葉が通じないが、夢の中であれば意思が通じるとアイヌは考えた。そのため夢には日ごろから気を配り、神のアドバイスとして重視した。

たとえば家を新築する際は建設予定地に炉と祭壇を築き、それから一週間ほどは夢見に注意する。火災や洪水に遭う夢を見れば、その地は危険としてあきらめた。危険な狩りに出る前には、さらに夢見に注意する。大人物に出会う夢、子連れの女に出会う夢はクマが獲れる兆しとされるが、頭からイクラをかけられる夢は不吉とされる。

自発的に行う占いとしては、骨占いがある。頭上にキツネの下あごの骨、あるいはアメマスの下あごの骨を載せ、前方に落とす。歯が上を向いていたら吉、獲物あり。下向きならその反対である。アイヌ文化では下あごは特別な部位とされ、不死身の化け物でも下あごを失えば滅び去るとされた。そのため人食いクマを退治した際は、決して復活することがないよう戒めとして、クマの頭から下あごを外して便所に埋めることで罰した。

イナウの削り花で飾った海鳥の頭骨（北海道博物館所蔵）。北海道日高地方では、この頭骨を使って漁の豊凶を占った。自身の頭に載せ、3回続けて前に落とす。3回とも自分の方に向かって立てば吉兆とされる

カムイコタン

よく知られたアイヌ語に「カムイコタン」がある。直訳すれば「神の村」となり、桃源郷のようなイメージが浮かぶだろう。一九九〇年代に流行した格闘ゲームにはアイヌ少女をイメージしたキャラクターが登場するが、彼女の「出生地」としても設定されている。

しかし、カムイコタンとは、アイヌ文化における「天国」ではない。そこに住まうのは豊饒の神ではなく、人間をもてあそぶ「魔神」である。

旭川のカムイコタン、石狩川の支流・雨竜川流域のポロカムイコタン（大カムイコタン）とポンカムイコタン（小カムイコタン）、日本海沿岸・小樽市東部のカムイコタンなど北海道各地に「神の村」を冠せられた地名が存在するが、その地はいずれも交通を阻む激流や絶壁の難所であった。旭川のカムイコタンには、石狩川を堰《せ》き止めて村の滅亡を企んだニッネカムイ（魔神）が英雄のサマイクル神に退治される伝説があり、刎《は》ねられた首や胴体、あるいは戦いの際の足跡がそのまま岩になって残ってい

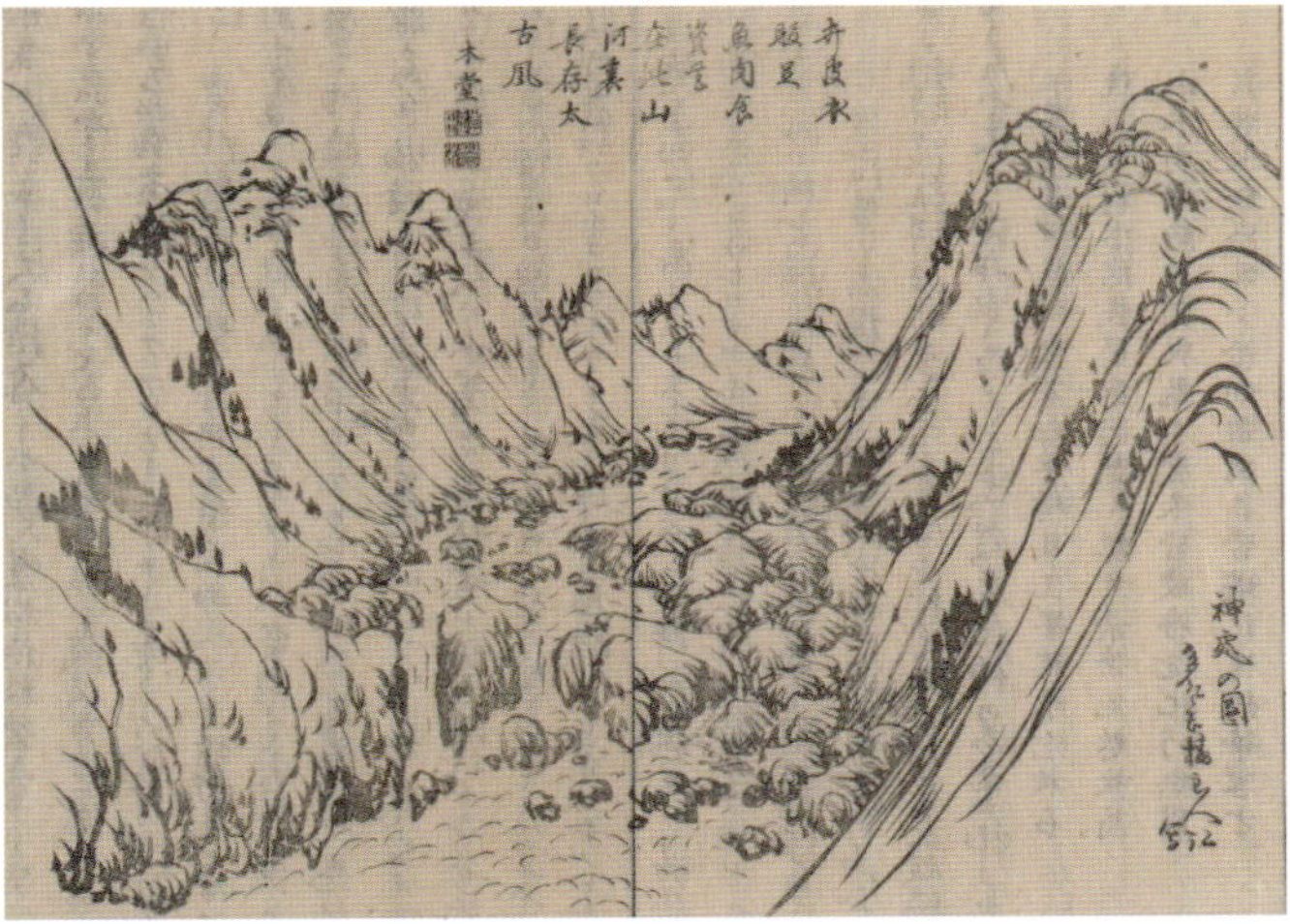

松浦武四郎『石狩日誌』に描かれた、旭川のカムイコタン。武四郎は、上川アイヌの長であるクーチンコロから、魔神と正義の神の戦いの伝説を聞き取っている（国立国会図書館所蔵）

る。この地は石狩川が上川盆地を潤した末に山脈を突き破って石狩平野に流れ出す地点に当たり、断崖と激流が丸木舟をもてあそぶ難所である。

水深一〇メートルにも達する流れの中には、巨大なアメマスやチョウザメが潜み、まさに深山幽谷、あるいは魔神の住処《すみか》に似つかわしい。そのため往時のアイヌは、この地点を通過する際は川の流れと魔神の岩にイナウ（木幣）を捧げ、旅路の安寧を祈ったものだった。

山と川と湖

川は生活の源として大切な存在であった。シペ（本来の食物）と呼ばれるサケは川をのぼり、アイヌの貴重な食糧となり、必要な物資と交換するための交易品となった。舟を浮かべて川を下れば河口から海へ、さらに異国へとつながり、交易を可能とした。そのため、どんな小河川であっても、「逆戻りする川」「ハンノキが生える川」「チャラチャラ音をさせる川」などと特徴を見いだし、名前が付けられた。一方で、湖は大湖沼であってもただト（湖、沼）と呼ばれただけである。名前の区別は、せいぜい「〜川の水源である湖」程度のものである。たとえば日本で二番目に深い湖・支笏《しこつ》湖は「シコッナイ（シコツ川・現在の千歳川）の水源の湖」であり、洞爺《とうや》湖にも決まった名称はなく、ただトとのみ呼ばれていた。道東の屈斜路《くっしゃろ》湖も、湖から川が流れだす部分・クッチャロ（喉元）が湖全体の名前になったものである。同様に、山も「〜川の水源である山」程度の扱いである。ただし特別に目立ついくつかの山は重要視され、周辺住民のチノミシリ（我ら拝む峰）として信仰の対象になる。

観光地として有名な洞爺湖。アイヌ文化期にはただト（湖）、あるいはキムン・ト（山の湖）と呼ばれていた。後に和人が「湖畔」を意味するト・ヤ（湖の岸）を湖の名前と聞き違え、「とうや」の呼名が定着した。

COLUMN

アイヌのあの世

あの世の入口

北海道の各地に「あの世の入り口」と呼ばれるアイヌの伝承と場所が残されている。内容はどれも大同小異である。

「猟師が二人連れで獲物を追っている最中に洞穴を見つけ、中に入ってみた。内部は暗かったが進むごとに明るくなり、やがて一つの村が現れた。家々には干し肉や干し魚が豊富に貯えられ、人々は楽しそうに暮らしている。だが、何故か村人たちには猟師たちの姿が見えないらしい。不思議がるうちに、村人の中に『すでに死んだはずの老人』が幾人もいることに気がついた。やがて村で飼われている犬が激しく吠えはじめ、村人たちは『幽霊が来た、悪魔ばらいをしろ!』とおびえ始める。二人は気味が悪くなって逃げ出すが、後日『豊かそうな村だ。あんな所で暮らしたい』『あんな気味の悪い場所は御免だ』などと話し合っていた。やがて『あんな所で暮らしたい』と言ったものは病気でもないのに急死し、『気味が悪い』と言ったものはずいぶん長生きした」といったものや、「ある老人が、真冬でも青々とした山菜を食べていた。それを見た村人たちが分けてほしいと頼んだが『これは特別な村から採ってくるものだ。自分はいずれ死ぬ身だから食べても構わないが、若い者が食べるものではない』と断られた。その老人は、どうやらあの世の場所を知っているらしいが、だれもその場所を知らなかった」といったものだ。

アイヌにとってのあの世

アイヌにとってのあの世は「ポㇰナシㇼ」（下の国）と呼ばれる。葬式の折、遺体は家の壁を破って運びだし、「頭が後ろ、脚が前」の体勢で担ぎ上げられて墓地へと運ばれる。これは死者の魂が家に戻ることを恐れての行為で、壁の穴は葬儀が済むとすぐに塞がれる。明治以降、家屋が近代化してからは、玄関の模様替えをしてから遺体を運び出す形となった。

墓地へ運び込んだ遺体はゴザに包んだまま伸展葬（体全体を伸ばした状態で埋葬すること）で葬り、木製の墓標を立てる。死者は墓標を杖にして、地下のあの世へと降りていく。あの世の入り口は、岩山の洞窟とされた。

アイヌの言い伝えでは、あの世ではこの世と同様に草木が生え、村があり、人は地下世界でこの世と同じような普通の生活を営むという。だがこの世とあの世はすべてのことが反対になる。この世が夜なら、あの世は昼。この世が冬ならば、あの世は夏。ゆえに前述の昔話のように、「真冬でもあの世の存在を知っていれば、新鮮な山菜を手に入れられる」ことになる。

そのため、アイヌの葬儀では、死に装束はわざと縫い残したまま左前に着せ、夏の死者はあの世で困らないよう、雪靴を添えて葬る。そして葬儀はあの世が朝方になる夕方には済ませるようにする。死者は昼間の明かりで、足元に困ることはないわけだ。

なお女性の死者の場合は、遺体を墓地に埋葬したうえで遺品を家ごと焚き上げる。「女ひとりでは、あの世で家を作れない。だから送る」との配慮だという。

アイヌにとっての地獄

アイヌ社会にも、やはり悪人は存在する。彼らは死後どうなるのだろうか。悪人の魂が死後に落ちる「地獄」は、アイヌ語では「テイネポクナモシリ」。直訳すれば

西川北洋『明治初期アイヌ風俗図巻』（函館中央図書館所蔵）より、水難事故後の儀礼。犠牲者の身内が泣き悲しむ傍らで、村人らは海に向かって杖を突き、抗議の声を上げる

「湿った下の国」。その名のとおり、ジメジメした湿地帯である。

悪人の魂、英雄神に退治された魔神、そして人間を殺傷したクマの神が堕ちる所であり、行き着いた者は決して蘇ることがないとされる。水田稲作の伝統がないアイヌ文化では、湿地帯は利用価値が低い場所だった。そこに生息する蛙やサンショウウオは、不吉な生き物としてアイヌからは徹底的に嫌われた。

第二章　アイヌと自然

北海道で「松」と言えばアカマツやクロマツではなく、エゾマツやトドマツである。七夕には「竹」ではなくヤナギの枝に短冊を飾る。タイやアジは本州以南からの取り寄せ。北海道で「日本的」な歳時記を再現するには、かなりな無理が伴うことになる。本州とは分布を異にする動植物、そして大自然がアイヌの精神世界と生活の基盤であり、その差は生活習慣から価値観まで、本州のそれとは違う

独特なものを生みだした。

立派な体軀のエゾヒグマは、神が肉と毛皮の土産を携えて人間界に現れた姿。エゾシカやサケは、神が人間のために天から地へ、海へ投げ下ろす恵み。ギョウジャニンニクにオオウバユリはハルイッケウ（食物の背骨）とも呼ばれる重要な山菜。豊かさに奢って粗末に扱い、あるいは独り占めにすれば神の罰が下ると信じられた。

かつては北海道全体に「空気のように」存在したシカ。明治初期の乱獲と自然災害によって絶滅の危機に瀕したが、令和の現在では順調に数を増やし、農作物への食害も深刻となった。一方でエゾシカを狩り、その肉を「ジビエ食材」として有効活用する動きも活発である。西川北洋『明治初期アイヌ風俗図巻』（函館中央図書館所蔵）

キムンカムイ（蝦夷羆・エゾヒグマ）

日本最大の陸上哺乳類・エゾヒグマ。アイヌ語ではキムンカムイ（山の神）と呼ばれている。キムンカムイは、山上のカムイモシㇼ（神の国）では人間そのままの姿で、黒い立派な着物を着て、人間同様の家に住んで生活していると考えられている。だが人間の作るイナウ（供物的な祭具）や酒が恋しくなれば、毛皮をまとい、肉を携え、「クマ」の姿になって人間世界へ下っていく。そして心のいい人間を見込んで狩られ、恵みを施す。人間は礼として酒や団子、イナウを捧げ、満足したクマは神の国へと帰っていく。重要な神の土産物であるクマ肉は、失礼がないよう他の獣肉とは一緒に調理しない。クマの脂は肌になじみがよく、火傷の薬になる。

ただし、人間を殺傷したクマはウェンカムイ（悪い神）として徹底的に断罪される。このウェンカムイの処分法には北海道各地で違いがあり、首を刎ねて被害者の墓に埋める、細かく刻んで山中に投げ散らす、下あごを外して便所に埋めるなどさまざまだが、「人食いクマの肉や毛皮は決して使用しない」ことは共通している。

絵葉書『アイヌ熊祭実況』より、飾り付けられたクマの頭部。人間に「肉と毛皮の土産物」を授けてくれた礼として、丁重にもてなして、天へと送る（函館中央図書館所蔵）

クマ狩り

クマ狩りは、土産物を携えた神様を人間界にお迎えする行為である。ここでは春の、巣穴でのクマ狩りを解説する。

クマ狩りのベストシーズンは新暦の二月下旬から雪が融けるまでの間。二月に降る季節外れの雨は「山の神の産湯」と呼ばれ、冬眠中に産まれた子どものクマが成長した季節であることを教えてくれる。

クマの猟をする者は、火の姥神に狩りの安全と豊猟を祈願し、以降は猟が無事に終わるまで身を慎む。

いよいよ山に入れば言葉も慎むことになる。クマの冬眠穴に近づけば、礼儀として帽子を取り、アイヌが他家を訪ねるときの儀礼と同様に咳払いして来訪を知らせ、穴の入り口に丸太を組んで立て掛ける。

クマは手前の物を手元に引き寄せる習性があるので、クマは前足でこの丸太を巣穴の中に引き寄せようとするため、自然と閉じこめられる形となる。そこに毒矢を射か

平沢屏山の名作「アイヌ熊狩の図」（市立函館博物館所蔵）。冬眠から覚めかけのクマを狩る際は、まず冬眠穴の口に組んだ丸太を立て掛ける。熊は手前の障害物を引き寄せる習性があるので、自然と穴に閉じこめられる。そこを毒矢や槍で「迎える」。丹念に描かれたアイヌの防寒具やカンジキにも注目。

け、アイヌはありがたく神の土産物を受け取ることになる。

神がこの世に残した肉体（クマの体）は作法を守って解体し、村に持ち帰れば家の奥の神聖な窓から屋内へと運び入れる。アイヌ語で肉はカムだが、クマ肉に限ってはカムイハル（神の食べ物）と呼ぶ。重要な神の土産物であるクマ肉を、他の獣肉と一緒に煮炊きするのは失礼とされ許されない。

ユク（蝦夷鹿・エゾシカ）

アイヌ語でシカはユㇰ。往時の北海道には、想像を絶するほどの数のシカが生息していたという。幕末の探検家・松浦武四郎は、日高地方の山中を探索していた折、数百メートル四方が赤く染まっている奇妙な場所に行き当たった。同行のアイヌが近づくや、赤い塊は跳ね上がって四方に分散した。その正体は何万頭ともしれぬシカの集まりだった。

シカはアイヌの精神世界では、「天のシカを司る神が、人間のためにシカを地上に投げ下ろしている（放す）」と解釈された。なお、シカ自体には、神格は存在しないものと考えられていた。それ自体が神とされるクマやタヌキ、キツネとは正反対である。北海道各地に、神がシカを投げ下ろしている場所とされる山や岬が点在し、雷鳴が轟く音は、神がシカを投げ下ろす合図と考えられた。シカの中でも角にコブがあるシカ、ヘラ状の角を持ったシカは「神がロープで吊って天から丁寧に降ろしたシカ」とされ、捕まえれば幸福が授かるとされた。

エゾシカ（帯広百年記念館提供）。十勝、釧路、根室と道東方面は特にエゾシカの生息数が多いため、神が天からシカを投げ下ろす山があると信じられた。十勝と白糠の境のウコタキヌプリが、特に著名な「鹿下る山」である

シカ猟

かつての北海道に「空気のように」満ち溢れていたシカは、「鍋を火にかけてから狩に行く」と称されるほど簡単に捕えることが可能だった。アイヌの男の子は十代前半になればすでにシカを獲ったという。シカ猟では、毒矢や仕掛け弓を用いる場合もあるが、大河川や湖沼を近隣に控えた村では大勢の勢子でシカの群れを追い詰め、同時に大量に獲る猟が行われた。道東の屈斜路湖の沿岸は追い込み猟の盛んな地域で、湖の南側の和琴半島にシカを追い込み、さらに湖面に追いやって獲ったという。また太平洋岸の厚岸《あっけし》町には追い込み猟をしていたと伝わる断崖があり、崖下からは、シカの角や骨が多数出土している。

獲ったシカはもちろん食用である。肉、内臓は生で食され、保存用には燻製に加工した。シカの膀胱は防水容器として、水筒や油入れに加工して使用する。毛皮は防寒用の衣類に用いられ、脚の皮は皮靴に、腱は縫い針等に加工した。骨の粉末は傷薬になった。こうして、シカはあらゆる部位が無駄なく生活に役立てられたのである。

西川北洋『明治初期アイヌ風俗図巻』（函館中央図書館所蔵）より、シカ狩りの場面。この絵が描かれた当時、和人による乱獲と豪雪により、エゾシカは生息数を一気に減らしていた

北海道で2番目に大きな湖・屈斜路湖。南岸に突きだす和琴半島では、大勢の勢子でシカの群れを追い込み、湖上で待ち構えて狩る猟が存在した

チロンヌプ（キタキツネ）

キツネはアイヌ語でシュマリ、あるいはチロンヌプと呼ばれる。キツネは人間をだますトリックスター、あるいは神獣として語られる。キツネが化けた人に出会ったときは、サッチポロ（乾燥イクラ）を食べさせて正体を確認する。人に化けたキツネが、歯に粘りついたサッチポロに慌て、口に手を入れているうちに正体を現してしまうのだという。キツネを捕える際は、仕掛け弓を使うか、罠を使う。探検家の松浦武四郎が石狩川上流から十勝地方を旅した折、案内人が油樽と釘を使った罠でキツネを捕えるさまを絵図に残している。

キツネは北海道南西部や石狩川上流では神獣とされ、各地に「さまざまな鳴き声を駆使して、人間に吉凶を知らせるキツネ」の伝承がある。また、祭壇に祀ったキツネの頭骨は、吉凶の判断に用いられる。頭の上に載せて前に落とし、歯が上向きなら吉、下向きなら凶。一方、北海道北東部ではキツネは魔獣とされ、昔話では太陽神を誘拐して日食を起こす悪者として描かれる。

松浦武四郎が石狩川上流から十勝川流域を旅した折の旅日記『十勝日誌』（国会図書館所蔵）の挿絵より、案内役のアイヌ青年がキツネを仕留めるさま。絵の油樽の内部には釘が仕込んであり、油を舐めようと首を突っ込んだキツネは逃げられない。すかさず打って仕留める

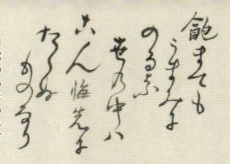

フンペ（鯨・クジラ）

本州では「一頭で七浦（漁村）が潤う」と称されたクジラ。アイヌ語ではフンペと呼ばれ、海岸に流れ着くことで、肉と脂身の恵みを施すものとされた。そのため太平洋沿岸地方には、クジラに関する伝承がいくつも残された。

「寄りクジラ（浅瀬に乗り上げたクジラ）の所有権を争った二つの村の村長が幾日もチャランケ（談判）をし、議論疲れで岩になってしまった」「海岸に砂山を作って油と海藻をまぶして『寄りクジラ』の模型を作り、砦に籠った敵をおびき出した」「神様が海岸でクジラを串に刺して焼いていたら、何かに驚いて尻もちをついた。その跡が岩の窪みとなり、その時の串が鋭い形の岩になった」などである。また、クジラの到来を願う寸劇、フンペリムセ（クジラ踊り）が各地に伝えられている。まず一人が着物をかぶって横たわり、寄りクジラに扮すると、盲目の老婆に扮した者が杖でクジラを探り当て、村の衆にクジラの到来を知らせる。村人が寄り集まり、肉を分けるしぐさをした末に、クジラ役を胴上げしてお開きとするなどのパターンがある。

北海道東部・浦幌町のオタフンベチャシ（砂鯨の砦）の空撮写真（浦幌町立博物館提供）。この砦に籠った軍勢が、攻め手が海岸に作った砂山を「寄りクジラ」と見間違えておびき出され、大敗したとの伝説が残る

トゥカラ（海豹・アザラシ）

アザラシは北海道弁でトッカリと呼ぶが、語源はアイヌ語でアザラシを指すトゥカラである。北海道アイヌ語で「カムイ」と言えばクマを意味するが、樺太アイヌ語ではカムイは神と同時にアザラシも指す。

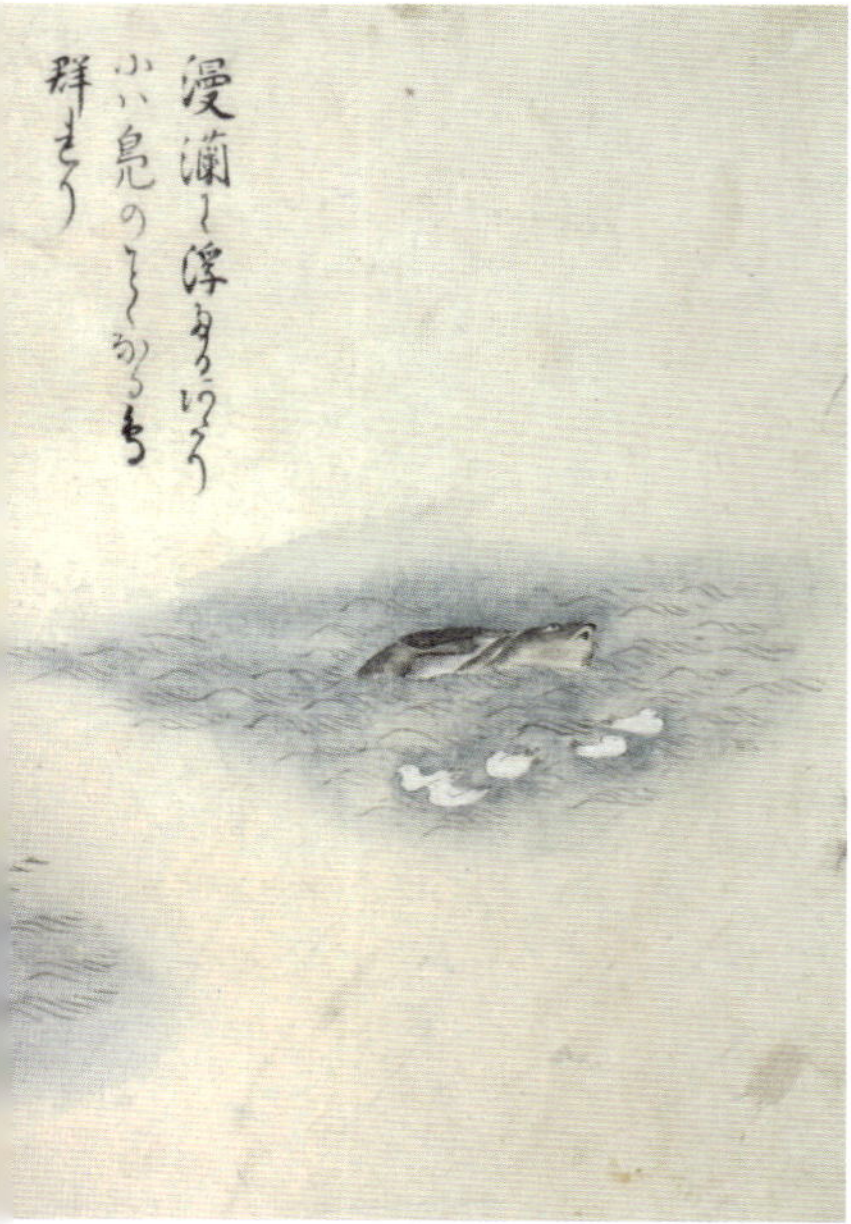

アザラシ猟では、冬は流氷の上に寝そべるアザラシに風下から忍び寄り、槍で突く。夏は海上に何本も丸太を浮かせ、寄り集まって休むアザラシに水中から忍び寄って銛《もり》で突く。なお、カムイケー（アザラシ油）は樺太アイヌ料理の大切な調味料である。

『蝦夷島奇観』（函館中央図書館所蔵）より、海獣猟の場面。アザラシ、オットセイ、トドなどの海獣を狩る際、留守宅の家族には「おとなしくする」決まりが課せられた

アザラシ猟で大切なのは、タブーを守ること。海神は陸の物を嫌がるため、陸関係の会話は厳禁。アザラシの名称もトゥカㇻではなくチラマンテㇷ゚（我らが獲るもの）、氷もコンルではなくソッキ（寝床）と呼ぶ。家で待つ家族にもいくつものタブーが課せられ、猟に失敗すれば、家族のほうが「タブーを破った」と叱られる。なおトドやオットセイなど他の海獣を狩る際も、家族には「はしゃいではいけない」などのタブーがある。

コタンコロカムイ（島梟・シマフクロウ）

北海道の大自然を象徴する存在のシマフクロウは、現在では、主に北海道東部に少数が生息するのみであるが、かつては全道に生息し、神として崇拝された。シマフクロウのアイヌ語名のコタンコロカムイ（村を持つ神）は、重低音の鳴き声で魔を追い払うという信仰に根差したものと考えられている。各地に伝承されるウポポ（輪唱）の歌詞「チュㇷ゚カ　ワ　カムイ　ラン　イワ　テㇰサㇺ　オラン」（東方より神は下る　岩角に降りる）は、シマフクロウが降り立つ場面を描写しているとされる。

神であるシマフクロウに対しては、クマ同様に送り儀礼を執り行う。鳥かごで大切に飼ったシマフクロウを止まり木に止まらせ、二人の翁が支える周りで村人が踊り唄う。クマのイオマンテ同様に肉体と魂を分離し、肉体は羽毛と肉に分けたうえでイナウを仕込んで「剝製」を作る。その剝製に酒を捧げ丁重に祈って、神の復活を願った。シマフクロウのイオマンテは作法が厳しく、村人全員が出席できるわけではない。そのため、次第にすたれていった。

西川北洋『明治初期アイヌ風俗図巻』（函館中央図書館所蔵）より、「フクロ祭り」と題された絵。シマフクロウを躍らせた後に花矢を射かけ、クマのイオマンテ同様に「神の土産物」を頂く。早くにすたれた儀礼だが、昭和後期に屈斜路湖沿岸で「シマフクロウのイオマンテ」が再現されている

サロルンカムイ（丹頂鶴・タンチョウヅル）

開拓以前の北海道では、大河川の流域にたくさんの湿原が存在していた。タンチョウヅルはそんな湿原を住み処とし、北海道は彼らにとって楽園であった。アイヌ語名のサロルンカムイは「湿原の神」の意である。晩冬から早春にかけ、オスとメスがペアとなって踊る求愛のダンスは美しい。そのさまを模したアイヌの舞の「鶴の舞」はサロルンリㇺセ、チカㇷ゚ウポポなどと呼ばれ、踊り手は二枚重ねに着た着物の上側をまくり上げてツルの翼を表現し、ホロロロロと喉を鳴らして歌い踊る。

ところで、山中で不意にクマに遭遇した折、弓や刀の用意もないときは、不意に着物の前をまくり上げてクマを怯《ひる》ませる方法があるとアイヌは伝えている。この動作をホパラタというが、その姿は鶴が羽根を広げた姿によく似ている。なお、クマと鶴は大変に仲が悪いものとされ、地方によっては、イオマンテなどクマ関係の儀礼のときは、クマの神に遠慮して鶴の舞を禁じていた。

『蝦夷風俗図28』鶴ヲ活ル図（北海道大学附属図書館所蔵）。流れの上に等間隔に渡した棒をツルが歩めば、そのまま罠に脚を突っ込む。そこを跳ねあげる仕掛けである

西川北洋『明治初期アイヌ風俗図巻』（函館中央図書館所蔵）より、「鶴の舞」。ここでは、イオマンテの余興として舞われている

鷲・ワシ

アイヌ語でオオワシはカパッチㇼ、オジロワシはシチカㇷ゚。ワシはシマフクロウ同様に神の鳥とされ、飼育して人間界の楽しさを伝えた末に天界へと送られた。

ワシはなぜかクマと仲が悪いものとされ、クマ狩りの最中にワシの話題を出すことはタブーとされる。ワシの尾羽をクマ狩りの矢羽に使うのもタブーである。一方、ワシやタカの尾羽・ワシ羽は、本州において「矢羽」として武士たちに好まれたため、アイヌ文化成立以前より盛んに捕えられ、羽根は交易品とされた。

ワシを捕えるには、サケの上る川沿いに大きなザルを伏せたような小屋「アン」を築き、人の痕跡を表に出さないように細心の注意を払いつつ、猟をする者は内部に横たわって気長に待ち続ける。川に渡した丸木にエサのサケを置き、ワシがそこにとまってサケをついばみ始めたら、すかさず鉤棹を繰り出して脚を引っ掛け、手元に引き寄せて仕留める。ちなみに、幕末の根室地方では、年間百羽分のワシ尾羽が交易品として流通していたという。

『蝦夷島奇観』（函館中央図書館所蔵）より、ワシ捕り小屋の図。川に渡した横木には、餌のサケがつながれている。ワシが留まってついばみ始めたら、すかさず鉤棹で脚を払って捕える

幕末のモロラン（現在の室蘭市）の風俗を描いた『安政度南部藩御持場東蝦夷地風物図絵』（函館中央図書館所蔵）より、ワシを飼う男性。飼育していれば、尾羽集めは容易に行える

カムイチェプ（鮭・サケ）

サケはアイヌ語でカムイチェプ（神の魚）、あるいはシペ（本来の食物）。アイヌの信仰では、天上のチェプランケカムイ（魚を降ろす神）が袋から海にサケを撒いて人間に施すとされる。神の魚だからこそ、サケ漁の期間には厳重な物忌みが守られた。

サケの漁期が近づくと、村を挙げての豊漁祈願祭を行う。この祭りが行われるまでは、何人たりともサケ漁をすることは許されない。初物のサケが上がればマレク（鉤銛《もり》）で丁寧に捕え、神々にささげるアシリチェプノミ（初サケの神事）を執り行う。以降、川を遡上するサケを簗《やな》漁、松明《たいまつ》漁、網漁など、さまざまな方法で初雪の時期まで捕獲し続ける。サケはもちろん食用である。脂の乗ったサケは美味いが保存に向かないため、産卵や放精を終えて脂が抜けきった個体を捕る。干しサケはサッチェプ、もしくはアタッと呼ばれ、食べる際は魚油と一緒に煮込んで旨みを足した。サケは食用とするばかりではなく、皮を衣類にも加工する。サケ皮の靴は靴底の部分にヒレが配置されるように作られているので雪道でも滑りにくい。

西川北洋『明治初期アイヌ風俗図巻』（函館中央図書館所蔵）より、サケを突く男性。マレㇰ（鉤銛）の鉤状の先端は、突いたサケを逃さない

平沢屏山『蝦夷風俗十二カ月屏風』（市立函館博物館所蔵）より、サケを運ぶ人々。サケはカムイチェㇷ゚（神の魚）、あるいはシペ（本来の食物）と呼ばれた

サケ漁

サケ漁の方法にはマレㇰ漁、簗漁、網漁、松明漁などがある。「鉤銛」とも訳されるマレㇰは棹の脇に鉄鉤を取り付けた漁具で、サケを突くと先端が回転することで獲物を逃さない仕組みとなっている。浅瀬や舟上などさまざまな場面で使われたが、晩秋の夜に三人一組で丸木舟に乗り込み、一人が舟を操り、一人がシラカバ皮松明で川面を照らし、残る一人がマレㇰでサケを突く。松明係は、なぜか女性が良いとされた。

ある程度の規模の川には、流れをまたいで簗を仕掛けサケを捕える。簗はアイヌ語でウライ、もしくはテㇱと呼ばれ。晩秋の夜空に見えるヒアデス星団はペッノカ（天の川）を遡るサケ・マスを捕えるための簗と見なされ、ウライノチウ（簗星）と呼ばれる。

暴れるサケは、魚を叩くための棍棒「イサパキㇰニ」で打って神の国へ送る（とどめをさす）。鎌でひっかけ、石で打つのはチェㇷ゚ランケカムイ（魚を降ろす神）に対する冒瀆とされた。

平沢屏山『蝦夷風俗十二カ月屏風』（市立函館博物館所蔵）より、サケの松明漁。シラカバ皮の松明で川面を照らし、寄り集まるサケを突く。「松明持ちの少年と、銛打ちの老人」は、アイヌ絵師の平沢屏山が好んだモチーフでもある

平沢屏山『蝦夷風俗十二カ月屏風』（市立函館博物館所蔵）より、サケの簗漁。簗はアイヌ語でテㇱ、あるいはウライと呼ばれ、障害で遮られたサケをタモ網で掬うか、罠に追い込んで捕える

柳葉魚・シシャモ

シシャモという魚の名はアイヌ語で楊《やなぎ》の葉を意味するススハムに由来する。北海道太平洋沿岸の各河川に遡上するが、特に胆振の鵡川《むかわ》が名産地として知られる。伝説によれば、あるとき、飢えに苦しむ人間たちをあわれんだ雷神の妹が天の神に助けを求めた。天の神は天上の楊の葉をむしって鵡川流域にまいて魚に変え、村人を飢えから救ったという。雷神の妹の計らいで生まれた魚なので、シシャモの漁期には雷が鳴る。

胆振地方の鵡川流域では、シシャモはサケ同様にカムイチェㇷ゚(神の魚)と呼ばれ、漁期には河口近くの丘で豊漁祈願祭が執り行われる。この折、不用意に河口に近づく者は有力者でも厳しい抗議を受けた。やがて最盛期には「川を歩いても、足が川底に触れず魚を踏みつぶす」ほどの大群が遡上する。たとえ小魚であっても神の魚、一匹であっても無駄にはしない。登別の幌別川付近では、パウチカムイ(淫魔)が天上の楊の葉を戯れにむしって川に投げ込んだものがシシャモとされ、人に贈る際はあえて投げてよこしたという。

西川北洋『明治初期アイヌ風俗図巻』（函館中央図書館所蔵）より、ルイベを作る人々。凍った魚を融かしながら食べる料理「ルイベ」はサケで作るイメージが強いが、北海道東部ではシシャモも雪に埋めて冷凍保存し、ルイベとして味わった

昆虫

アイヌ語で昆虫の類はキキㇼと呼ばれる。雪が溶け、草が萌え、大地が覆われれば、アイヌモシㇼ（人間界）はキキㇼの世界となる。

春のチョウの類はマレウレウ（泳ぐもの）と呼ばれ、モンシロチョウはイセポマレウレウ（ウサギのチョウ）、カラスアゲハはパㇱクㇽマレウレウ（カラスのチョウ）と呼ばれる。初夏にヤキーヤキーと鳴くエゾハルゼミはそのままヤキと呼ばれるが、セミの幼虫は腰が曲がっているためか「老人がセミにされた」という伝承がある。

夏の草むらでペコペコ頭を下げるコメツキバッタはニナキキㇼ（薪取り虫）、これは薪割りの動作にたとえた名称である。北海道東部には、バッタの動きを模したパッタキリㇺセ（バッタ踊り）という踊りが伝承されている。つやつやと美しいテントウムシは漆器に例えてイタンキキキㇼ（お椀虫）、ニセウアㇻケ（ドングリ・半分）などと呼ぶ。クモは生態そのままにヤオㇱケㇷ゚（網編む者）。そして晩秋とともに白い綿毛を光らせて舞う雪虫は、アイヌ語でもそのままウパㇱキキㇼ（雪虫）である。

初夏の松林でヤキーヤキーやオーギーオーギーィオキギギギギギギと鳴くエゾハルゼミは、アイヌ語では「ヤキ」と呼ばれる。北海道には、ミンミンゼミは一部の地域を除きほとんど生息していない。

ヘビ

嫌悪と忌避のイメージで受け止められていたヘビは、アイヌ語ではタンネカムイ（長い神）、キナスッカムイ（草の根の神）、マムシはトッコニと呼ばれる。日高地方では春先にマムシに出会うと、「今日お目にかかりましたので、来年までお目にからないようにしましょうね」などと敬遠の挨拶をしたという。ヘビが穴に潜り込む瞬間に出くわすことは特に不吉とされ、すぐさまヘビを引きだして殺し、神聖な植物であるヨモギの茎を六本刺してとどめにしなければならない。ホヤウカムイと呼ばれる大蛇はさらに恐ろしい。羽根のある巨大なヘビで、全身から毒気を放つ。不幸にも遭遇すると、毒気にあたり、全身が腫れ上がり、患者自身も周囲の者が耐えられないほどの悪臭を放つとされた。ただし、その悪臭ゆえに、疱瘡神すらホヤウカムイを恐れて退散してしまうという。

嫌悪されるヘビは、同時に神獣でもある。畑の隅の糠捨て場の主はヘビ神であるとされ、流行病が流行った際は火の神とヘビ神に祈願すれば効果があるとされる。

アイヌの文化を撮影した絵葉書「アイヌ風俗四　ムルクダ、ヌサ」(函館中央図書館所蔵)。畑の隅の糠捨て場はムㇽクタヌサと呼ばれ、穀物につられて小鳥やネズミ、さらにヘビも集まる。そのためヘビはムㇽクタヌサの守り神とされ、木幣（イナウ）を捧げて神事を執り行った

両生類

北海道特有の両生類として、エゾアカガエル、エゾサンショウウオが有名である。日本文化では俳句に詠まれ、人々から愛されるカエルだが、アイヌは彼らを不吉な生き物と考えた。サンショウウオはパウチチェッポ（淫魔の小魚）、カエルは鳴き声からオワッ、あるいはテㇾケㇷ゚（跳ねる物）と呼ばれ、それらが家に入って来たときは、すかさず炉の熱灰をかけて退治してしまう。なぜ両生類は嫌われるのか。アイヌにとって、湿地帯は利用価値が低く、同時に蚊など吸血虫の巣窟であり、嫌悪される土地である。死後の世界では、悪人や魔神が堕ちる地獄界はテイネポㇰナモシㇼ（濡れた下の国）と呼ばれ、冷湿の悪土とされる。湿地帯に生息する両生類は、地獄の住人として忌み嫌われるのだ。

昔話の中でも「残酷な村長が地獄に堕ちて、カエルにされた」。「夫や義父母を殺し続けた性悪の女が神に罰せられ、カエルに生まれ変わった。そのためカエルの手には、女の手のような模様（刺青）がある」と、描写されている。

エゾアカガエル（帯広百年記念館提供）。アイヌ文化においては不吉な生き物として毛嫌いされるが、エゾアカガエルの学名はラテン語で蛙を意味する語・ラナと、アイヌ語で「良い」「美しい」「好ましい」を意味するピㇼカに由来する、「ラナピㇼカ」である

プクサ（行者ニンニク・ギョウジャニンニク）

根雪が溶けた早春の野にいち早く芽生えるギョウジャニンニク。アイヌ語ではプクサ、またはキトと呼ばれる。プクサは個性的な香気をもち、汁物やチタタㇷ゚（肉や魚のタタキ）の薬味としては欠かせない。人々に愛される香気ではあるが、臭いの強い物を嫌う魔神は、プクサの香りを嫌がると考えられ、アイヌは魔除けとして乾燥品をお守り袋に忍ばせ、伝染病が流行った際は窓や村の入り口に掲げて病魔の退散を願った。実際に薬効もあるため、風邪をひいた折はプクサを炊いた湯気で上半身を蒸す。また打ち身や皮膚病は、煮汁で患部を洗って治療する。食用に、薬用に、まじない用にと多彩な利用法があるため、ハルイッケウ（食物の根幹）とも呼ばれる。

プクサの生える場所はそれが地名になる。鬼斗牛、喜登牛など北海道各地に「きとうし」と発音する地名があるが、いずれも語源はアイヌ語のキト・ウㇱ（ギョウジャニンニクがあるところ）だ。しかし、バイケイソウ、スズランなど、姿がよく似た毒草が多い点は、注意しなくてはならない。

行者ニンニクの芽生え（平取町立二風谷アイヌ文化博物館提供）。行者ニンニクの芽生えは毒草のイヌサフランやバイケイソウ、スズランに似ているので、必ず香りを確かめたうえで摘みたい

アッニ（オヒョウニレ・オヒョウ）

アイヌの民族衣装アットゥシ。「アッ（オヒョウニレの内皮）のルシ（毛皮）」という意で、オヒョウニレ（ニレ科の樹木）の樹皮から採り出した繊維で織った着物である。アットゥシはハルニレやシナノキの樹皮の繊維でも織ること自体は可能だが、繊維が弱いハルニレ、繊維が堅いシナノキに比べると、丈夫で柔らかいオヒョウニレは衣類の原料としては最適である。

アットゥシをつくるためには、まず初夏の山中に分け入り、オヒョウニレの樹皮を剝ぎ取ることからはじめる。幹の根元に鉈目を入れて皮を剝ぎ上げ、力を込めて引けば一気に梢までつながった樹皮が手に入る。剝いだ皮のうち、内側の柔らかい部分を村に持ち帰り湖沼の水に10日以上浸け込む。こうすることで、繊維はほぐれて取り出しやすくなる。温泉の湯に漬ければ「皮ほぐし」は一層容易になる。漬け込んだ樹皮はよく洗い、濡れている間に、幾本にも分ける。さらに乾燥させて幾重にも裂き、ほぐしては繊維を取り出し、指先でよりをかけては継いで糸を紡《つむ》ぐのである。

オヒョウニレはニレ科の広葉樹である。
角が生えたような形の葉が特徴的である
(平取町立二風谷アイヌ文化博物館提供)

西川北洋『明治初期アイヌ風俗図巻』（函館中央図書館所蔵）より、オヒョウニレの樹皮を集める人々の図。根元に鉈目を入れ、一気に梢まで引き上げる。内側の柔らかい部分から繊維を取り出し、糸や布地に加工する

トゥレプ（オオウバユリ）

アイヌの暦では、初夏の二カ月は「草の根を掘る月」と呼ばれる。この場合の「草の根」とは、アイヌ語でトゥレㇷ゚と呼ばれるオオウバユリの球根を指す。

早春から初夏にかけアカツツジが咲く頃、掘り棒で根を掘り出す。茎を落としてからゆり根（鱗茎）を一枚一枚はがし、丁寧に水洗いする。このまま焼いて食べてもおいしいが、これを桶や臼に入れて丹念に搗《つ》き潰す。そのうえで容器に水を注いで数日間放置すれば、底にはイルㇷ゚（デンプン）が二層になって沈殿する。新鮮な生デンプンは丸めてフキの葉に包むか、イタドリなど空洞のある草の茎に流し込み蒸し焼きにする。ウバユリの収穫期はマスの旬に当たるので、団子には潰したイクラを添える。

デンプンは乾燥保存し、粥などに入れて利用する。デンプン採集の際に取り分けた搾りかすは、フキやヨモギの葉で包んで発酵させ、ドーナツ状に丸めて乾燥保存する。この保存食品をオントゥレㇷ゚（発酵ウバユリ）といい、食べる際は砕いてから水で戻して丸め、穀物の粥に入れる。

西川北洋『明治初期アイヌ風俗図巻』（函館中央図書館所蔵）より、ウバユリを掘り上げる人々の図。初夏の2カ月はアイヌ暦で「ウバユリを掘る月」と呼ばれる

西川北洋『明治初期アイヌ風俗図巻』（函館中央図書館所蔵）より、ウバユリのデンプン作りの図。きれいに洗った球根を桶に入れて杵で搗き潰し、水を注ぐ。なお、作業中に「酒」「色事」の話はタブー。デンプンが落ち着かなくなり、うまく沈殿しなくなるという

COLUMN

アイヌと酒

近年、アイヌ文化が注目されている。そのきっかけとなった漫画『ゴールデンカムイ』は、明治後期の混沌とした時代背景と目くるめくストーリー、そして丁寧なアイヌ文化の紹介により人気を博した。

アイヌ文化でも特に人気なのはやはり「グルメ」である。オハウ（汁物）やチタタプ（肉や魚のタタキ）など、作中でアイヌ少女アシ𛅤パが手際よく仕立てるアイヌ料理は、描写はもとよりマンガ的な効果音も相まって、さまざまな世代の心を奪い、若い人から中高年にいたるまでがアイヌに関心を寄せ、都内のアイヌ料理の店には、連日予約が入っているという。

アイヌ世界のアルコール飲料

さて、料理には酒が付き物である。アイヌ文化にはどのようなアルコール飲料が存在したのだろうか。

アイヌ語で酒はサケ、トノト、あるいはアㇱコロなどと呼ばれる。サケはもちろん日本語由来だが、トノトも「殿（和人）の乳」という意味があり、日本文化の影響が強い言葉であると思われる。

アイヌの酒はヒエやアワなど雑穀を麹で発酵させたものが主で、本州のドブロクに似たタイプの酒だという。酒を仕込むには大型の鍋で穀物類の粥を炊き、人肌に冷めたところに麹を混ぜ込む。麹は、古くはカツラの木の皮から作られたというが、和人との交易が盛んになってからは、和人から得た米麹を使うようになった。

炊いた粥と麹の混合物を桶に仕込み、炉のそばの暖かい場所に安置して一週間ほど発酵させる。日高地方では、酒を仕込む際は炉から火種を取り出し、もろみの中に仕込んだ。これは火の神の加護で悪魔を遠ざけ、酒造りの成功を祈る信仰である。

充分に発酵したらザルで濾《こ》して完成である。酒は人にも神にも好まれるため、ほとんどの儀礼で酒は用いられた。そのため、イオマンテなど重要な祭礼用に酒を仕込む際は、穀物の精白、仕込み、酒濾しまで、女性たちが祝い唄を歌い継ぎながら行ってハレの雰囲気を盛り上げた。

神に酒を捧げて後に酒宴

仕上がった酒はシントコ（交易で手に入れた漆塗りの容器）に移し、酒柄杓でかき回してからエトゥヌプ（漆塗りの片口）へと移す。そして、盛装した長老が捧げ持つ杯に、脇に控える者がエトゥヌプから数度に分けて酒を注ぐ。長老はイクニヒ（捧酒箸）の先端を酒に浸し、まず炉の火の神に酒のしずくを供え物の意味で滴らせ、続いて戸外の祭壇に場を移し同様に椀の酒をイクニヒでイナウ（木幣）に捧げ山川の神に祈る。イクニヒを介することで人間の祈り言葉が正確に神々へ伝わり、捧げものは数百倍に、一樽の酒から取り分けた酒の一滴ならば、一樽分が神の国に届き、神々もまた酒宴を楽しむ。神に酒を奉げ終わると場は崩れ、人間の酒宴となる。

神事の折はもちろん、日常の飲酒でも必ず神に一滴捧げ、あらためて酒を口にする。大正時代における北海道胆振地方・白老のアイヌ文化を記した書籍『アイヌの足跡』（満岡伸一著）によれば、当地のアイヌは自宅で酒を飲む際はもちろん、飲食店で酒を注文した場合もイクニヒで祈ってから酒を口にしたという。

アイヌの歴史において、酒の醸造がいつごろから始まったかに関しては不明であるが、アイヌ文化の前段階である擦文《さつもん》時代（7世紀から12世紀ころ）の遺跡から、青森松浦武四郎『蝦夷漫画』（札幌中央図書館所蔵）より、酒造りの過程。粟や稗を搗いて精白し、粥に炊いたうえで麹と混ぜ、桶に仕込む。仕込み桶は全体をゴザで包んで炉のそばで発酵させる

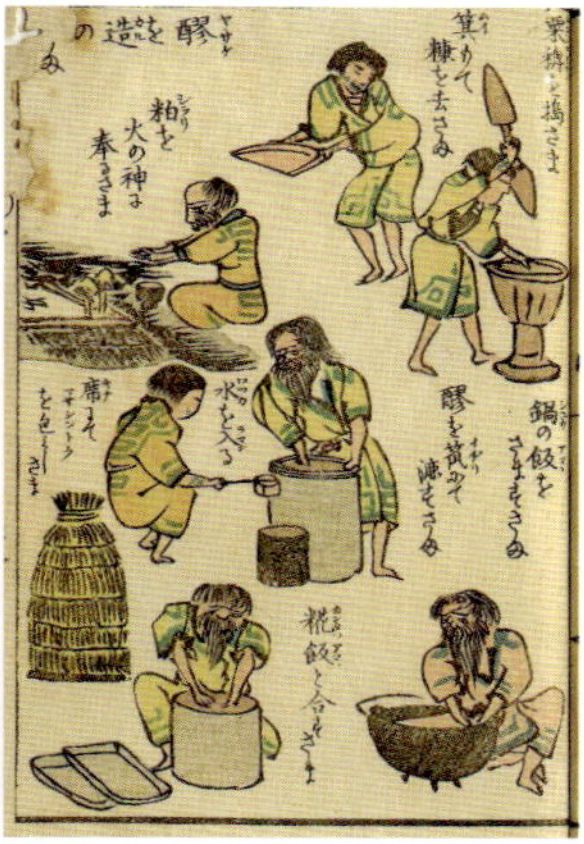

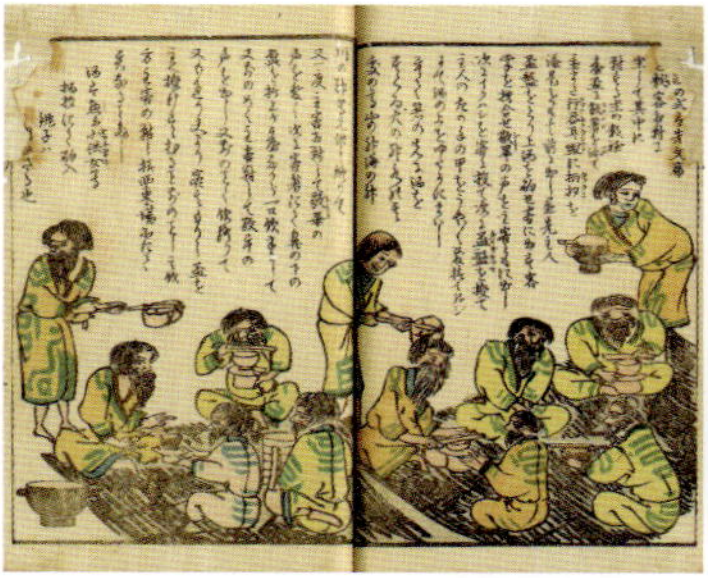

松浦武四郎『蝦夷漫画』（札幌中央図書館所蔵）より、酒宴の様子。酒器は行器（ほかい）、片口、椀などいずれも本州産の漆器である。イクニㇶで神に捧げたうえ、改めて酒を楽しむ

県五所川原産の「須恵器」の器が出土していることから、この時期には酒文化がアイヌに伝わったものと推測される。素朴な須恵器の器が「珍品」として流通することは考えにくい。恐らくは本州産の産物のうち、そのままでは運搬しにくい物品、つまり、酒、米、あるいは麹の運搬容器としての須恵器であったと思われる。擦文人は本州との交易で酒を手に入れ、やがては自身が米や麹を移入することで自製するに至った。アイヌ語で、麹はカムタチ、大和言葉でも、麹は「かむたち」である。

第三章　アイヌの生活

春夏秋冬、動植物とともに営まれるアイヌの生活。早春は冬眠明けのクマを狩り、女たちは山菜採りに繊維用の樹皮剝ぎをする。夏には女たちはデンプン採取用のウバユリを掘り、男たちはマス漁に勤しむ。初秋になれば男はサケの豊漁を祈願し、いよいよ上った初サケを神に捧げると本格的なサケ漁がはじまる。秋が深まると、女たちは穀物の収穫、ゴザ編みに薪集め。こうしてまた深い根雪の季節が訪れる。月日の流れとともに人は年老い、新たな命が生まれる。神々の加護の元で育ち、遊びの中から生業の知恵と人生訓を学ぶ。一杯の高盛り飯を新郎新婦で分け合うのが婚礼の儀式。そして子供を産み育て村内で認められ、やがて墓標を杖についてあの世へと静かに赴く。

アイヌ民族は荷物を背負う際は、タㇻ（荷縄）に結わえて額で支える。肩に固定するのと異なり、頭をひと振りすれば荷物を投げ出せる。山中で不意に熊に出会っても、とっさに身軽になれる利点がある。西川北洋『明治初期アイヌ風俗図巻』（函館中央図書館所蔵）より。

アイヌの家

チセとは、アイヌ語で家を意味する。近代的な家もチセと呼びはするが、ここでは伝統的な家屋を説明する。アイヌの伝統的な家屋は掘立柱で寄せ棟屋根。部屋数は一間きりの建築で、北海道太平洋沿岸では茅葺、石狩川上流では笹葺、道東の根室地方では針葉樹やシラカバの樹皮葺と、地方ごとに独特のスタイルがある。また寒冷気候の樺太のアイヌは夏季のみ樹皮葺のチセに住まい、冬季はカマド付き、土屋根の竪穴式住居に住んでいた。

みを組みあげる

チセを建てるには、まず土地神に許しを得る地鎮祭を行ってからである。頑丈で腐りにくい樹種を選んで構造材とし、地面に穴を掘って柱を立てる

『蝦夷生計図説』（函館中央図書館所蔵）より、家造りの場面。地面の上で、屋根の骨組

傍らで、桁や棟木を組んで屋根を組みあげる。屋根ができあがったら、村人全員で屋根を持ち上げて柱の上に載せ、植物の蔓で結束する。壁や屋根を葺き、内部をゴザなどで飾れば完成である。

チセの一番奥には神が通行する「神窓」が穿《うが》たれる。なお、神窓から他家の屋内を覗き込むのは、賠償を取られても仕方がないほど無礼な行いとされていた。

『蝦夷生計図説』（函館中央図書館所蔵）より、前項の続きの場面。組みあげた屋根の骨組みを、村人総出で持ち上げて柱の上に載せる。固定したうえで、壁や屋根を葺く

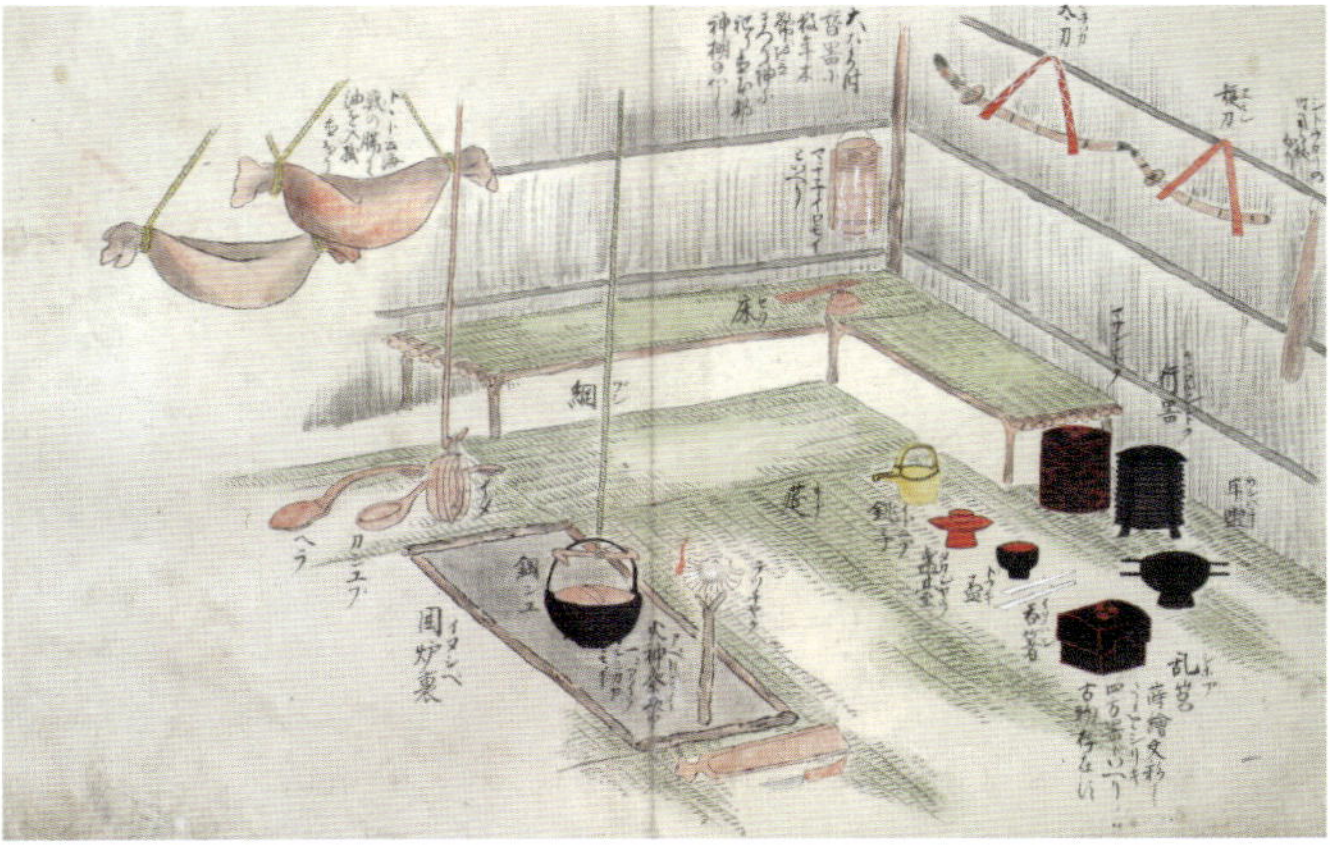

『蝦夷島奇観』（函館中央図書館所蔵）に描かれた、屋内の様子。左側に描かれたトドの皮袋には獣脂を保存する。家の奥には寝台が設けられ、本州渡来の宝刀や漆器が飾られる

絵葉書「北海道アイヌ風俗」（函館中央図書館所蔵）より。家の入口から向かって左側の奥は宝棚として本州伝来の漆器や宝刀を飾り、家の守り神のイナウ（木幣）を祀る。宝物棚の前の床は神聖な場所とされ、就寝が禁じられている

家族制度

アイヌの家系は、男系と女系が厳重に分けられている。父は息子へ、息子から男の孫へ一族が司るパセオンカミ（重要な祭礼）やイトㇰパ（家紋）を伝える。男性は家紋を刻み込んだ漆器やイナウ（木幣）を用いて神事や祭事を主催する。一方で女性は、ガラス玉の首飾りか女性が用いるお守り・ウㇷ゚ソロクッ（守り紐）を受け継いでいく。これは下腹部に巻いて自身の貞操の証しとする「精神的な貞操帯」だが、形や巻き方、縛り方は属する女系ごとに千差万別である。そのためウㇷ゚ソロクッは女性の家紋としての役割も果たしている。婿の母の女系と嫁の女系が重なる婚姻は近親婚とされ、許されない。

アイヌ社会では男と女の役割がはっきり分かれており、女性が神事を取り仕切ることや夫の名を口に出すことはタブーとされている。だが男系と女系が厳重に分けられ、女系の家紋や財産は保障されている。さらに先祖供養の祈りは女性が受け持ち、女性の立場は、巧みなシステムにより守られている。

イナウ（木幣）の先端には、贈り主を示すためにイトㇰパ（家紋）を刻み込んで神事に臨む。男系で継承される家紋で、重要な祭礼を取り仕切る（サッポロピㇼカコタン提供）

女性はラウンクッ、ウㇷ゚ソㇿクッと呼ばれる紐を下腹部に巻いて自身の貞操観念の証しとする。形や巻き方は女系同一女系で同じなので、女系の家紋としての意味も果たす（サッポロピㇼカコタン提供）

妊娠、出産

子宝を授かるにはニワトリなど多産の鳥の卵に術をかけてから飲むか、ヤドリギを煎じて飲む。めでたく懐妊して妊娠五カ月目あたりになれば、舅《しゅうと》か夫の古いふんどしで作った腹帯を締める。お産の軽いクマにあやかり、干したクマの腸を帯に仕込む場合もある。

臨月を迎え、いよいよ陣痛が始まれば炉の脇にイタドリやフキの葉を敷いたうえで床を設け、梁《はり》から吊るした荷縄にすがって「座産」の体勢をとる。難産の折は女性の守り神である臼に援助を頼み、産婦を臼にもたせ掛けるか、産婦を抱き起こして臼つきの真似事をさせる。あるいは便所の神に祈り、お産を邪魔す

出産の模様を再現した絵葉書。産婦は「女性の守り神」とされる臼に体をもたせ掛ける。老翁は、炉の火の女神に安産を祈願する（『北海道アイヌ風俗集』北海道立図書館所蔵）

る魔神を退散させる。

分娩に成功すれば、後産を女便所に埋め、ハンノキの皮の煎じ汁を母子に飲ませる。生まれたばかりの赤子は魔神に好かれないようセタシ（犬の糞）、テイネプ（濡れた物）などわざと汚らしい名前で呼ぶ。なお和人の風習と同様に「血の忌み」があり、お産のあった家の主人は子のへその緒が切れるまでサケ漁に出られなかった。

成長

赤ん坊には「きれいなものを好む病魔に嫌われるよう」わざと汚らしい名を付ける。ある程度成長すると、個々の特徴や印象の強い出来事などを参考に、あらためて命名される。クマの肉を焼いて食べたのでカムイマ（クマを焼く）、目が大きいのでシキポロ（目が大きい）など。病弱な子や、格別に容貌の優れた子などは、病魔に好かれないよう、あらためて汚らしい名を付けることもある。漫画『ゴールデンカムイ』で有名になったエカシオトンプイ（爺さんの肛門）という名は、明治のアイヌ男性の名前として実際に記録が残っている。

男の子は輪突き遊び、縄跳びで狩りの身のこなしを覚え、言葉遊びでチャランケ（談判、裁判）の術を学ぶ。家庭では年長者から家の造作、神事を、先祖の記憶を叩きこまれ、狩りでの場数を踏んでオッカヨ（青年）として認められる。女の子は砂浜や炉の灰にお絵かき遊びをして刺繍《ししゅう》のデザインを学び、機織り、料理、山菜採り、畑仕事などを学び、十代の後半までには刺青を整え、メノコ（成人女性）となる。

アカムカチウ（輪突き）と呼ばれる遊び。輪を放り上げ、棒や矢で貫く。将来の弓や槍の鍛錬になる（アメリカ・ブルックリン博物館所蔵）

子守をする老女。子どもを背負う際も、荷縄（タㇻ）を当てて額で支える『北海道旭川アイヌ風俗』（函館中央図書館所蔵）

結婚

胆振や日高など北海道南西部の風習では、母屋の南に小屋を建てて年頃になった娘を住まわせる。娘は、いつしかここを訪れる村の青年と恋仲になり、結婚へと至る。しかし、娘の女系と青年の母親の女系が重なる場合は近親婚として許されない。また、狩の下手な家との縁組も避けられる。許嫁《いいなずけ》を決め、交際させた後、結婚に至るという例もある。

結婚当日。婿方、嫁方双方が漆器など宝物や、新品の着物を結納として贈り、花嫁が炊いた飯を椀に盛り上げ、花婿がそれを半分食べて花嫁に返す。花嫁は残った飯をすべて食べ終え、あらためて火の神に祈りを

結婚式の模様を再現した絵葉書。家の奥の神窓の前に盛装した新郎新婦が座り、神に祈りをささげる　絵葉書『北海道アイヌ風俗集』（北海道立図書館所蔵）

捧げる。残念ながら、このような婚姻習俗はアイヌ文化の中で早く廃れてしまったもののひとつで、すでに大正時代には男性は紋付き袴、花嫁は文金高島田で麗々しく装い、高砂の謡で式を挙げる例も多かったという。

結婚後は両親の暮らす母屋から、「火災になっても延焼しない」程度の場所に新居を建てて生活する。

別居が前提なので、嫁姑の問題は起こりにくかったという。

死と葬礼

アイヌ女性は家族が健康でも常に「死に装束」を用意しておくという。「もしも」のときに死に装束の用意がなければ、大変な恥とされる。葬儀では、遺体に死に装束を着せ、炉のそばに安置する。女性は弔問客用の食事の用意をし、男性は墓標を作るための木を伐り出す。腐りにくい樹種で、節のない良材が選ばれるが、「この木がい い、あの木は良くない」などと口に出してはいけない。選ばれなかった木が墓標になりたがり、不幸が続くからである。墓標が完成すれば遺体の横に立てかけ、弁舌に優れた者が死者へ引導渡しの辞を唱える。この折の言い誤りは大変な不幸を招くという。

遺体をゴザで包み、「頭が後ろ、脚が前」の姿勢で墓場へと運ぶ。地面を1メートルほど掘って遺体を横たえ、土をかけて墓標を立てる。死者は墓標を杖に、地下の冥界へと赴くと考えられた。女性、特に老女が死んだ折は遺体を墓地に土葬したうえで、遺品を家ごと焚き上げ、あの世へと送る。「女性だけではあの世で家を作れないから」との配慮である。

西川北洋『明治初期アイヌ風俗図巻』（函館中央図書館所蔵）より、アイヌの墓地。ここに描かれている墓標は男性が槍型、女性が杵型だが、墓標の形は地方により違いがある。副葬品の漆器は、あの世ですぐ再生するよう壊した状態で捧げる

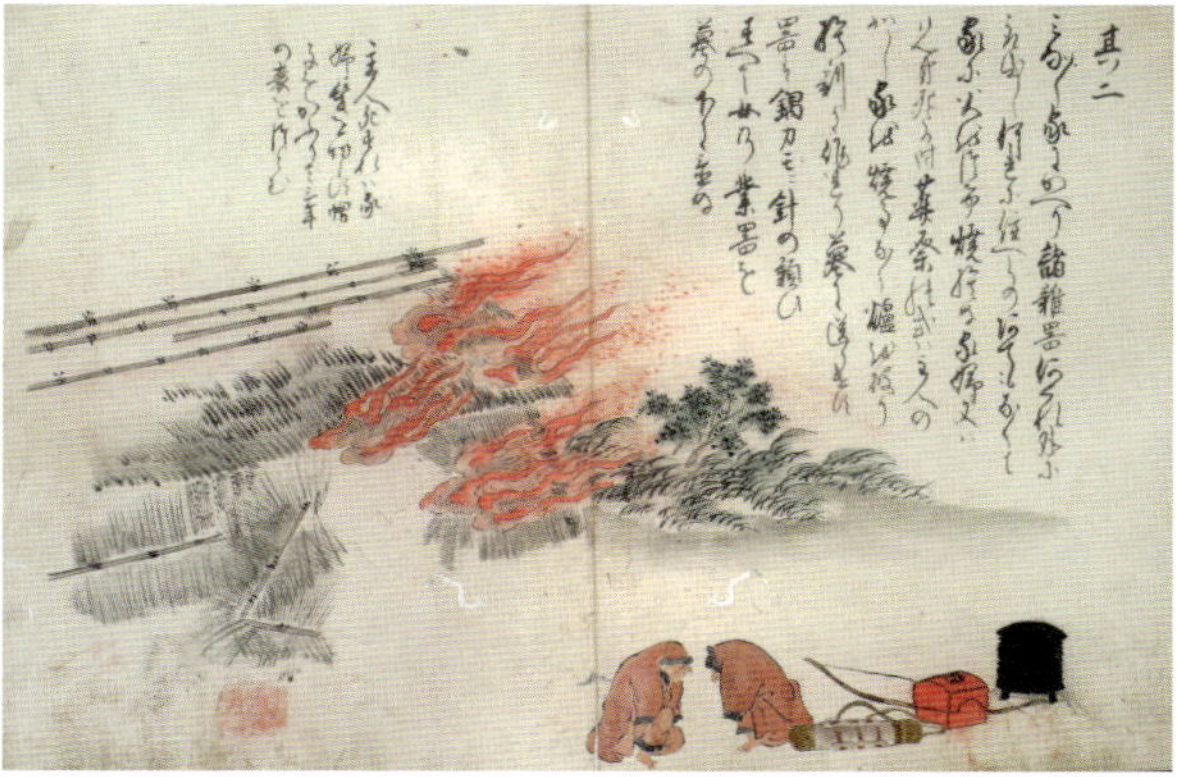

『蝦夷島奇観』（函館中央図書館所蔵）に描かれた、葬式後の家焼きの儀式。女性が死んだ折は遺体を墓地に土葬したうえ、遺品を家ごと焚き上げてあの世に送る

狩りと漁

クマやタヌキなど狩猟の対象となる動物は、「神が人間のために肉と毛皮を纏ってこの世に現れた姿」である。しかし、神はたやすくその恵みを人間に授けるわけではない。やはり多少の知恵を駆使してこそ、その恵みを手にできるのだ。

狩りに欠かせないのは、毒矢だ。毒草であるトリカブトの根をベースに、他の毒草、あるいは毒性をもつ昆虫や水生生物を練り混ぜて毒を作り、これを塗った矢を放つことで、猛獣であるクマでも狩ることができる。さらに獣道の脇に自動発射式の弓「アマッポ」を仕掛ける。触り糸に獲物が触れれば自動的に毒矢が発射され、猛獣であるクマも安全に獲ることができる。万が一に人間に当たった場合、解毒剤は存在しない。仮にアマッポで他人を傷つけた場合は、全財産を出して賠償しなければならない。

川や海での漁は、網漁に伏せかご漁、釣りに銛《もり》漁などがある。サケは日常の食料としては言うまでもなく、アイヌ文化成立以前より交易品として、本州方面へ広く流通した。

西川北洋『明治初期アイヌ風俗図巻』（函館中央図書館所蔵）より。
厳寒期は氷に穴をあけ、水中の魚を釣る

『蝦夷島奇観』（函館中央図書館所蔵）より、仕掛け弓を描いた図。仕掛け弓はアマッポ、クワリなどと呼ばれる。獲物が触り糸に触れれば自動的に毒矢が発射される。誤射事故を避けるために近隣の木にイナウ（木幣）を掲げるなどして、目印とした

西川北洋『明治初期アイヌ風俗図巻』（函館中央図書館所蔵）より、夜間のサケ漁。女性が樺皮松明で川面を照らし、男性はマレㇰ（鉤銛）でサケを突く。松明持ち係は女性がよいとされていた

西川北洋『明治初期アイヌ風俗図巻』（函館中央図書館所蔵）より、マス漁の簗。簗はアイヌ語でウライ、またはテㇱと呼ばれる。川を堰き止め、行く手を阻まれた魚を手網で掬うか銛で突くが、この図では「跳ね釣瓶」に似たシステムで網を上げている

農耕

農業は女性の仕事とされる。自身が属する村の入会《いりあい》、猟区の中で、耕しやすい土地を探し出し、標識を立てて所有権を主張したうえで開墾をする。開墾は「焼畑」ではなく、刃を湾曲させた鎌で根ごと草を刈り払う簡易的なものである。

整地が済んだ畑には、アワやヒエなどの雑穀や豆を蒔《ま》く。江戸時代や明治時代になると、カボチャやジャガイモ、タバコなども栽培した。実った穀物は本州の弥生時代の稲作同様に、貝殻で作った穂摘み道具でひとつひとつ穂首刈りにする。ゴザに広げて乾燥させ、プ（高床式倉庫）に納め、臼でついて精白する。穀物類は日常食の粥、さらにハレの日のごちそうや供物としての団子の材料、あるいは濁り酒の原料として重要なものであった。ジャガイモは冬の寒さを利用して、ペネエモ（潰れ芋）と呼ばれる、一種のフリーズドライ食品に加工して保存した。10世紀頃の擦文文化期は、かなり手広く農業が行なわれていたようであるが、アイヌ文化時代に至って農耕は縮小する。これは、アイヌが和人との交易用に漁労や狩猟を重視した結果らしい。

『蝦夷生計図説』（函館中央図書館所蔵）より、穀物の収穫風景。沼貝の貝殻を加工した道具で、穂先のみ摘み取る

『蝦夷生計図説』（函館中央図書館所蔵）より、穀物の脱穀、精白風景。臼に入れて縦杵で搗き、木製の箕（み）でより分ける。家に取り付けられたセムと呼ばれる前室は薪や道具置き場であり、杵搗きなど屋内作業場でもあった

植物採集

長い冬の末に根雪が溶け去ればいよいよ春。アイヌ語では自然から得られる食物をハルと呼ぶ。春のキナハル（山菜）を摘みに女性は山野を巡る。そのため、春から夏は「女の季節」と呼ばれる。冬枯れの中でいち早く萌え出すギョウジャニンニクを摘み、初夏にはウドやニリンソウを摘む。ニリンソウは肉の汁物と相性がいいので、オハウキナ（汁物の草）と呼ばれる。初夏の二カ月間はオオウバユリの根を掘り上げ、搗き潰してデンプンを抽出し日常食にする。

秋はキノコ、そしてサルナシやヤマブドウなど木の実の季節だ。ドングリは茹でてアクを抜き、豆と煮物にする。香辛料となるシケㇾペ（キハダの実）も見逃せない。山菜や木の実以外に、「樹液」も植物の恵みである。春には、芽吹く直前のシラカバの幹に傷をつけて樹液を採集し、水場がない山中での炊事の水にする。それより早い時期にはイタヤカエデの幹に傷をつける。寒さが残る時期ゆえカエデ樹液は凍り「甘いツララ」となるため、折り取ってアイスキャンデーのように楽しんだという。

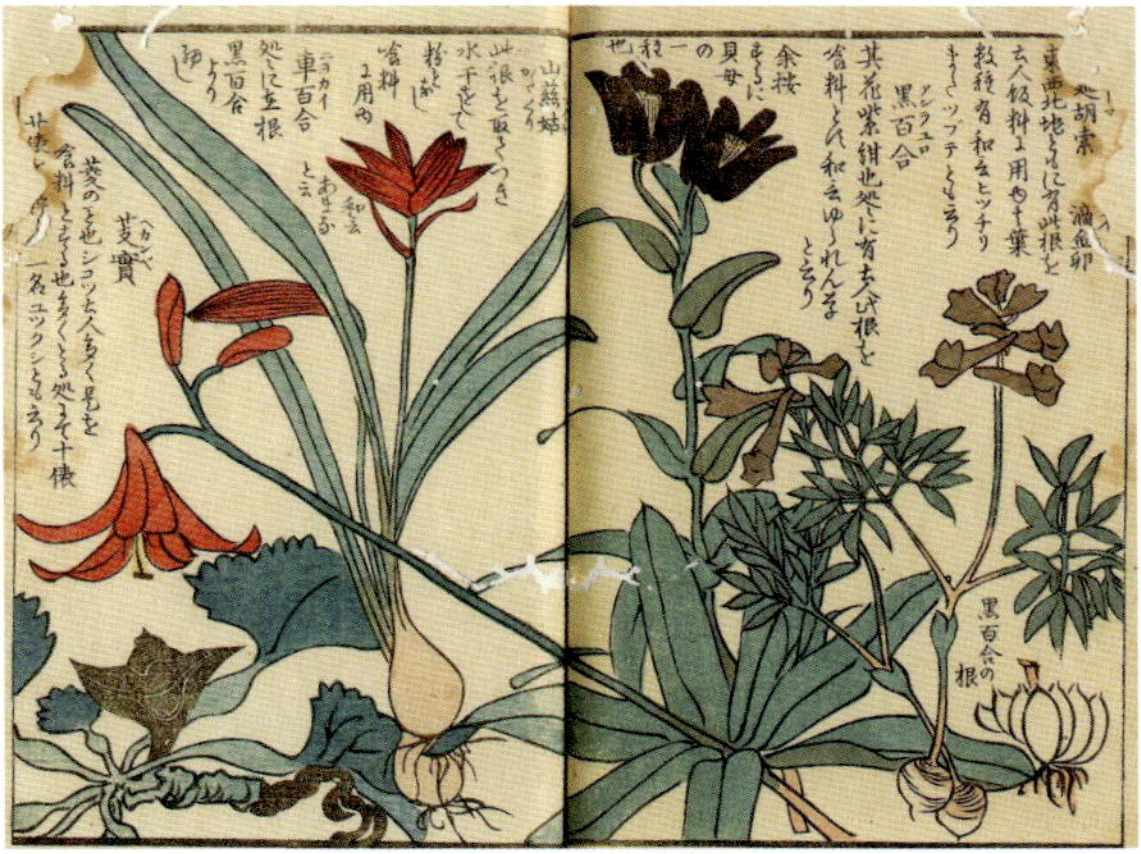

アイヌが食用とした野生植物。右からトマ（エゾエンゴサク）、アンラコㇿ（クロユリ）、エㇱケリㇺリㇺ（カタクリ）、ニヨカイ（クルマユリ）で、いずれも球根を食用とする。左端のペカンペ（ヒシ）は実が食用となる水草である　松浦武四郎『蝦夷漫画』（札幌中央図書館所蔵）

イタヤカエデの樹液は甘いので、幹に傷をつけて樹液を採集する。樹液で豆やヒシの実を煮込んだ料理はごちそうだった　西川北洋『明治初期アイヌ風俗図巻』（函館中央図書館所蔵）

アイヌ料理

アイヌの食生活の中心はオハウ（汁物）である。囲炉裏の鉄鍋で獣肉や魚、山菜や野菜を煮込み、動物性脂肪や少量の塩で味を調える。オハウを食べ終えた後で、アワやヒエを炊いた薄い粥「サヨ」をすする。サヨは主食としての粥ではなく、焼き肉や焼き魚、オハウを食べた後の口直しにするので、脂気が混じらないよう、鍋も食器も盛り付けの杓子《しゃくし》も汁用とは別の粥鍋、粥杓子を用いる。

その他、新鮮な獣肉や魚のエラ、白子を鉈で徹底的に叩いてノビルやギョウジャニンニクを薬味として効かせたチタタㇷ゚（タタキ）、野菜や山菜を茹でてから塩と獣脂で和えたラタㇱケㇷ゚（混ぜ煮）、これが基本的なアイヌ料理のメ

『蝦夷生計図説』（函館中央図書館所蔵）より「アママシユケ」（穀物を炊く）と題された画。女性がヘラで粥をかき回している。
なお、画のように炉に足を踏み込むのは無作法な行いである

ニューである。祭りの日には穀物粉をこねて茹で上げたシト（団子）が欠かせない。団子には獣脂か潰したイクラをつけて味わう。

アイヌ料理の調味料は塩に動物性脂肪、香辛料はギョウジャニンニク、キハダの実、ノビル、タネツケバナの葉。山菜や魚でビタミン豊富、脚気や壊血病とは無縁の生活だった。

谷元旦『蝦夷風俗絵巻』（北海道博物館所蔵）より、アイヌと和人の会食。大型の魚、あるいはイルカを刻んで食べる

魚や肉のタタキ「チタタㇷ゚」。新鮮な肉や魚を鉈で叩き、香りの強い山菜を加えてさらに叩く（写真・角田陽一）

チタタㇷ゚は新鮮ならば生食できるが、団子にしてオハウ（汁物）に入れて食べる場合もある（写真・角田陽一）

COLUMN

アイヌと黄金、奥州藤原氏

17世紀前半、北海道がゴールドラッシュに沸いていたことが、宣教師の記録に残されている。しかし、蝦夷地支配を幕府より許されていた松前藩とアイヌとが戦ったシャクシャインの戦いにおいて、金掘りのために北海道に渡っていた和人がこの戦いに関与していたことから、戦いに勝利した松前藩は金掘りとアイヌの結託をおそれ、砂金の採取と和人の金掘りの北海道上陸を禁止し、これ以降北海道での金採掘は凍結された。イギリス東インド会社の艦隊司令官ジョン・セーリスは、北海道に渡ったことのある日本の商人から、アイヌが金と銀を多く持っていて、コメや綿布などをこれで買っていると証言を得たことを記録に残している。これらから、江戸期のアイヌが金の価値と採取方法を知っていたと推測することは可能であろう。

大量の埋蔵金はありえるのか？

さて、漫画『ゴールデンカムイ』の埋蔵金であるが、その量は約75トンとされている。大変な量の金であるが、それは可能性としてありえる量なのだろうか。

日本の金山といえば佐渡金山が有名であるが、これまでに佐渡で採掘された金の全量は、約83トンとされる。日本の金鉱山で最大の産金量を誇るのは、九州の菱刈鉱山である。採掘される鉱石は、世界的な平均でトン当たり3グラムの金が含有されているとされるが、菱刈では30〜40グラムの金が含まれている。この、世界有数の金鉱山である菱刈鉱山では、これまで242トンの金が採掘されている。

しかし、実は、日本には菱刈鉱山を超える可能性のある有望な鉱床の存在が確認されている。それも、北海道に近い青森県の下北半島。1980年代、下北半島にある恐山で、含金へドロ層の存在が確認され、注目された。1989年、青木正博は「恐山の温泉型金鉱床」(『地質ニュース』413号)において、恐山の温泉沈殿物の金の含有量が、局部的ではあるが、トン当たり400グラムと発表。さらに、平成元年青森県は「恐山周辺地域金鉱床賦存状況調査」を実施し、金の含有量が、局部的にではあるが、トン当たり463グラム、最高で6500グラムにもなることを明らかにしている。残念ながら、同地域は国定公園に指定されているため金の採掘はできないのだが、明治以前であれば、恐山周辺で砂金を取ることは禁止されておらず、恐山で金が採掘されていたとしてもおかしな話ではない。

また、クナシリ島では、トン当たり最高で135グラム、平均で37グラムの金鉱脈が確認されている（「千島列島における鉱化作用」石原舜三『地質ニュース』480号）。なお、10～11世紀の八戸市の林ノ前遺跡では、金の精錬を行ったるつぼや、るつぼの代わりに用いた土器の底部が見つかっており、アイヌ社会に金の精錬技術が伝わっていた可能性はゼロではない。そうであれば、長い年月をかけての大量の金の集積も、決してあり得ない話ではない。

奥州藤原氏の黄金伝説

11世紀、奥州に勢力を張った藤原氏が、驚くほどの富を手にしていたことはよく知られている。『吾妻鏡』に「皆金色」と評された平泉文化は、まさに黄金文化であった。藤原三代の栄華を今に伝える国宝の中尊寺金色堂は、まさに黄金の建築物であるが、最盛期の中尊寺は堂塔四十余宇、禅房三百余宇。毛越寺《もうつうじ》もまた堂塔四十余宇、禅房五百余宇を誇り、それらは金銀七宝で彩られていた。藤原清衡が宋から仏教経典を購入した時、黄金10万5千両を支払ったとされる。ここでの金一両を何グラムとみる

北見ペーチャン川に於ける砂金採取人たち（『明治大正期の北海道・写真編』より転載）

かは諸説あるが、大宝律令では、唐の一両に準じて37・3グラム。鎌倉時代には、金一両は5匁（18・75グラム）とされていた。鎌倉期の数字で換算すると約2トンである。藤原氏は、仏典購入に2トンもの黄金を支出できたことになる。

中尊寺金色堂の金箔調査では、岩手の北上山系の金とともに、異なる質の金箔が用いられていることを秋葉安一（探鉱技術者・砂金研究者）が指摘し、肉眼での観察で、北海道の日高産の砂金である可能性を示唆している。奥州藤原氏の関係者が、砂金の探索・採取のために北海道に渡ったことを証明する事実は確認されていないが、北海道に触手を伸ばした可能性は否定できない。奥州藤原氏と北海道の関係はともかく、アイヌが金の価値を認識し、これを採取していた可能性はある。

第四章 アイヌの美

荒々しくも美しいアイヌモシリ（人間の大地）の花鳥風月。しかしアイヌには「リアルに作られたものは魂を持って祟る」との信仰があり、動植物をリアルに描いたり、彫りあげたりすることはほとんどなかった。

着物や木製品をいろどるのは渦巻きや十字、網目などを組み合わせた幾何学文様、いわゆるアイヌ文様である。女性は、刺繍や

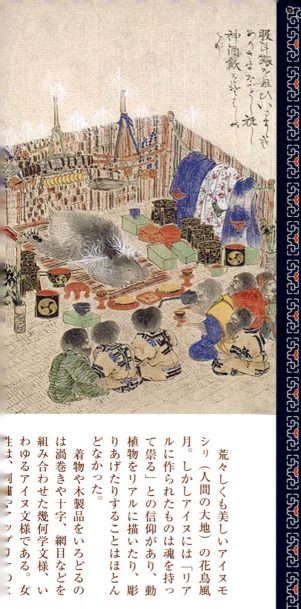

イオマンテは、アイヌの美が集約された世界である。村人は盛装し、尽きることなく歌や舞を繰り出して神との別れを惜しむ。やがて神への土産物は、漆器や舶来の衣装で飾り立てた祭壇に祀られる（平沢屏山模写『蝦夷島奇観』北海道大学附属図書館所蔵）

うに、布地に糸や別布を縫い付ける技法を駆使して描いた模様の着物を恋人に贈り、男性はマキリ（小刀）一本で幾何学文様を彫り込んだ針入れや小刀の鞘《さや》を求婚の贈り物とする。

　アイヌの美は「文様」だけではない。ドンコリ（五弦の琴）やムックリ（口琴と呼ばれる竹製の笛）を共鳴させ、漆器の蓋を叩いて皆で合唱する音の美、そして人間の内面がにじみ出す礼儀の美などもある。

衣装

アイヌの民族衣装といえば「厚司（あつし）」が連想される。正しい発音に近い表記はアットゥㇱ。アッニ（オヒョウニレ）やニペㇱニ（シナノキ）の樹皮から採り出した繊維で織った布地である。樹皮の繊維をつむいだ糸が充分に用意できたら「腰機（こしばた・織機）」で織り進めていく。布地の幅は35センチほど。一日に織れる長さは平均45センチほどで、腕が良ければ十日で一反（約10メートル）は織れたという。

織り上がった布地は筒袖でおくみの無い「半纏《はんてん》」のような形に仕立て、裾や襟には補強用、装飾用として黒木綿を縫い付け、さらにアイヌ文様を刺繍する。女性は肌を見せないよう、モウㇽ（肌着）を着た上にアットゥㇱを重ね着した。また冬季の狩りなどにはアットゥㇱを着た上に毛皮を羽織り、頭巾や脚絆を装着して防寒対策に留意した。アットゥㇱは水に強いため、作業衣として和人にも好まれた。

樺太アイヌはイラクサの皮から採った白い繊維で織った着物「レタㇻペ」を着た。千島では繊維用の植物が少ないせいか、羽毛つきの鳥皮を綴《つづ》った着物が多かった。

西川北洋『明治初期アイヌ風俗図巻』（函館中央図書館所蔵）より機織りの図。樹皮の繊維を紡いだ糸を、簡素な織機で織って布にする。一日に織れる長さは30から60センチほど

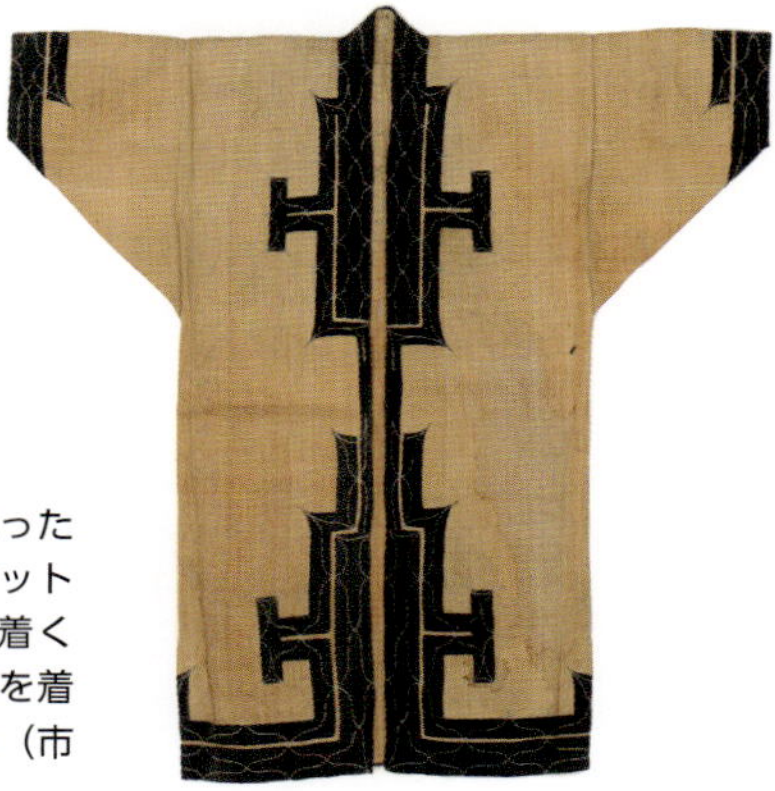

オヒョウニレの繊維などから織った布地を使って仕立てた着物をアットゥシと呼ぶ。「おくみ」が無く着くずれしやすいので、女性は肌着を着た上にアットゥシを重ね着した（市立函館博物館所蔵）

江戸時代の東北アジアには、北海道から樺太、さらに間宮海峡を渡って沿海州、そして清国へと至る交易ルートが存在した。交易でアイヌ世界に到来した清朝の官服は本州にも渡り「蝦夷錦」の名で珍重された（市立函館博物館所蔵）

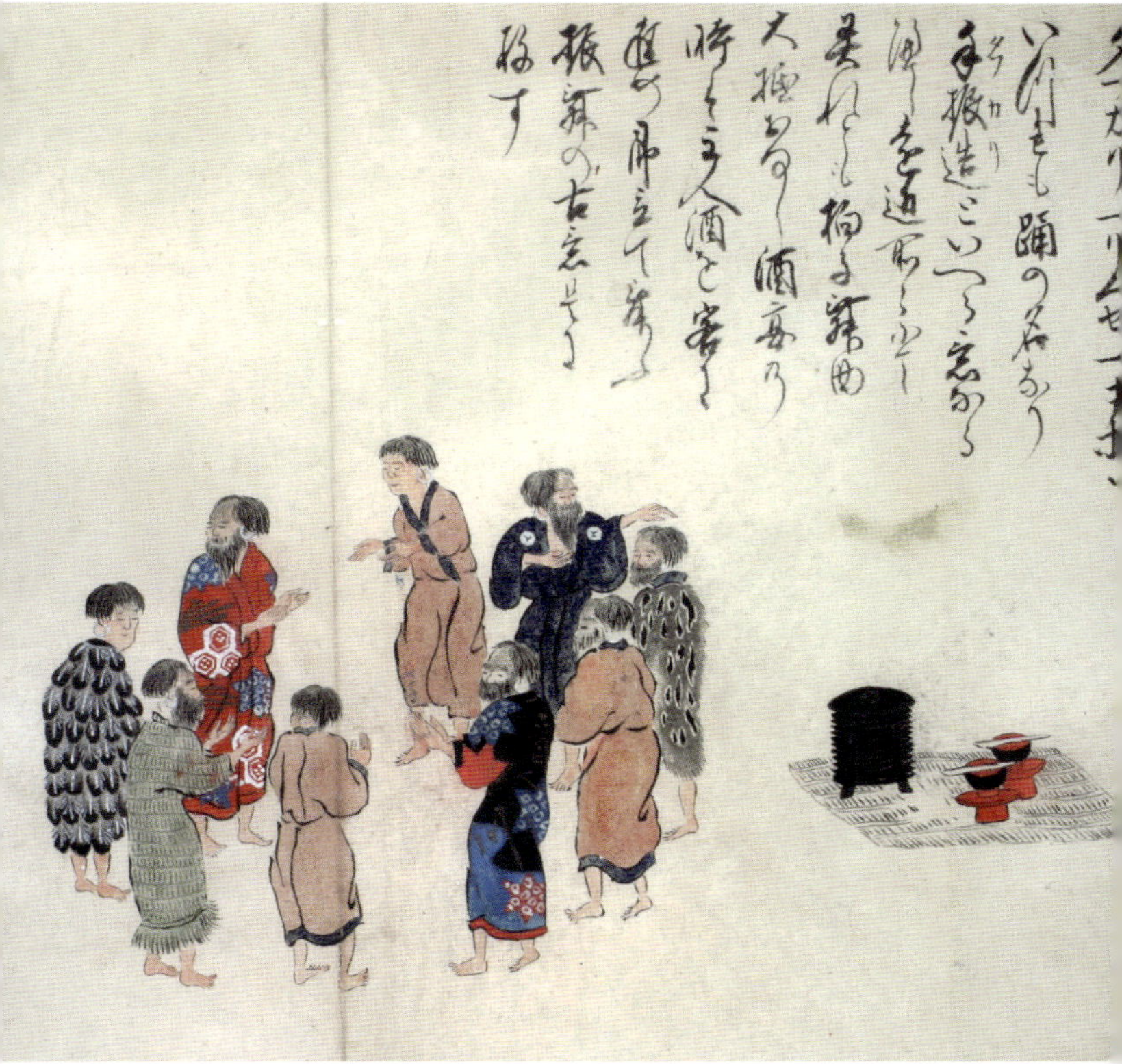

『蝦夷島奇観』（函館中央図書館所蔵）より、唄い踊る人々の図。茶色の衣装は樹皮の繊維から織ったアットゥㇱだが、海獣の毛皮、海鳥の羽根付きの皮をつづり合わせたラプウㇽ、本州渡来の紋付きや小袖と、多彩な衣装文化がうかがえる

アイヌ文様

古い時代のアイヌは、「リアルに作られた物は魂を持って悪さをする」と信じていた。そのため、アイヌ文化には「絵」「人形」といったものがほとんど存在しない。砂浜に描いた似顔絵すら魂が入ると嫌われる。そのため着物や刀の鞘は伝統の幾何学文様「アイヌ文様」で装飾された。渦巻きやトゲ、十字、網目などを基本パターンとして着物に縫い込み、鞘に彫り込む。このデザインは男女とも幼時から囲炉裏の灰や砂浜に

明治期になり、綿布や縫い糸が豊富にいきわたる事でデザイン文化が発展した。写真はカパラミㇷ゚と呼ばれる衣装である（メトロポリタン美術館所蔵）

描いて学ぶもので、神々も女神なら刺繡、男神なら刀の鞘への彫刻に勤しみ天界での日々を過ごしているとされた。

アイヌの日常着は樹皮の繊維製だが、神事などハレの場では木綿製の晴れ着を身に纏う。本州産の綿布に別の綿布を模様のように縫い付けるか、生地に直に刺繡することで模様を描く。

太平洋岸、噴火湾沿岸の「ルウンペ」、日高地方の「カパラミプ」など、北海道各地に系統だった模様の衣装が伝承されている。アイヌ文様は縄文時代からの伝統的な文様という説もあるが、実際の起源や何から影響を受けたのかは不明である。

樹皮の繊維で織ったアットゥシの背面や袖口には補強用として黒木綿を縫い付け、さらにその上からアイヌ文様を施す（平取町立二風谷アイヌ文化博物館所蔵）

紺地の綿布に白い綿布を縫い付けて、緩やかな模様を描いたものはカパラミㇷ゚（薄い着物）と呼ばれ、日高地方に伝承される（メトロポリタン美術館所蔵）

女性が「刺繍」の形でアイヌ文様を描く一方、男性は「木彫」としてアイヌ文様を描く。マキリ（小刀）一本で、盆や刀の鞘、煙草入れ、針入れなどに稠密（ちゅうみつ）な幾何学文様を描いていく（西川北洋『明治初期アイヌ風俗図巻』函館中央図書館所蔵）

アイヌの楽器

アイヌの伝統楽器として、トンコリ、ムックリなどが知られている。トンコリは五弦の琴で、松材をくり抜いて薄板を貼りつけた胴に海獣の腱などを素材とした弦を張る。もともと北海道日本海沿岸から樺太に伝承されていた楽器であったが、近代に伝統は絶えかけた。しかし、樺太アイヌの伝承者・西平ウメから邦楽家の富田友子が指導を受け、現在では新たな伝承者が続々と育ち、伝統は守られた。

ムックリは口琴と呼ばれる楽器で、弁を彫り出した竹の小片に紐が付いていて、この紐を引っ張ることで弁が振動し、口中で共鳴して音を出す。旋律は演奏できないが、息や舌使いで多彩な表現が可能である。ムックリ奏者としては安藤ウメ子が有名である。

古い時代は、トンコリは男性が、ムックリは女性が演奏するもの

絵葉書『北海道アイヌ風俗集』（北海道立図書館所蔵）より、ムックリを奏でる女性。口元に当てて紐を引けば、弁が微かに震える。その振動を、口内で響かせて音色に変える

とされていたが、今は自由である。

北海道アイヌに打楽器は伝承されていないが、樺太アイヌにはカチョと呼ばれる団扇《うちわ》太鼓がある。

トゥスクル（祈禱師）が神降ろしの儀式を行う際は、松葉を焚いた煙で清めたカチョを打ち鳴らしてトランス状態に陥り、祖先や神の言葉を伝える。

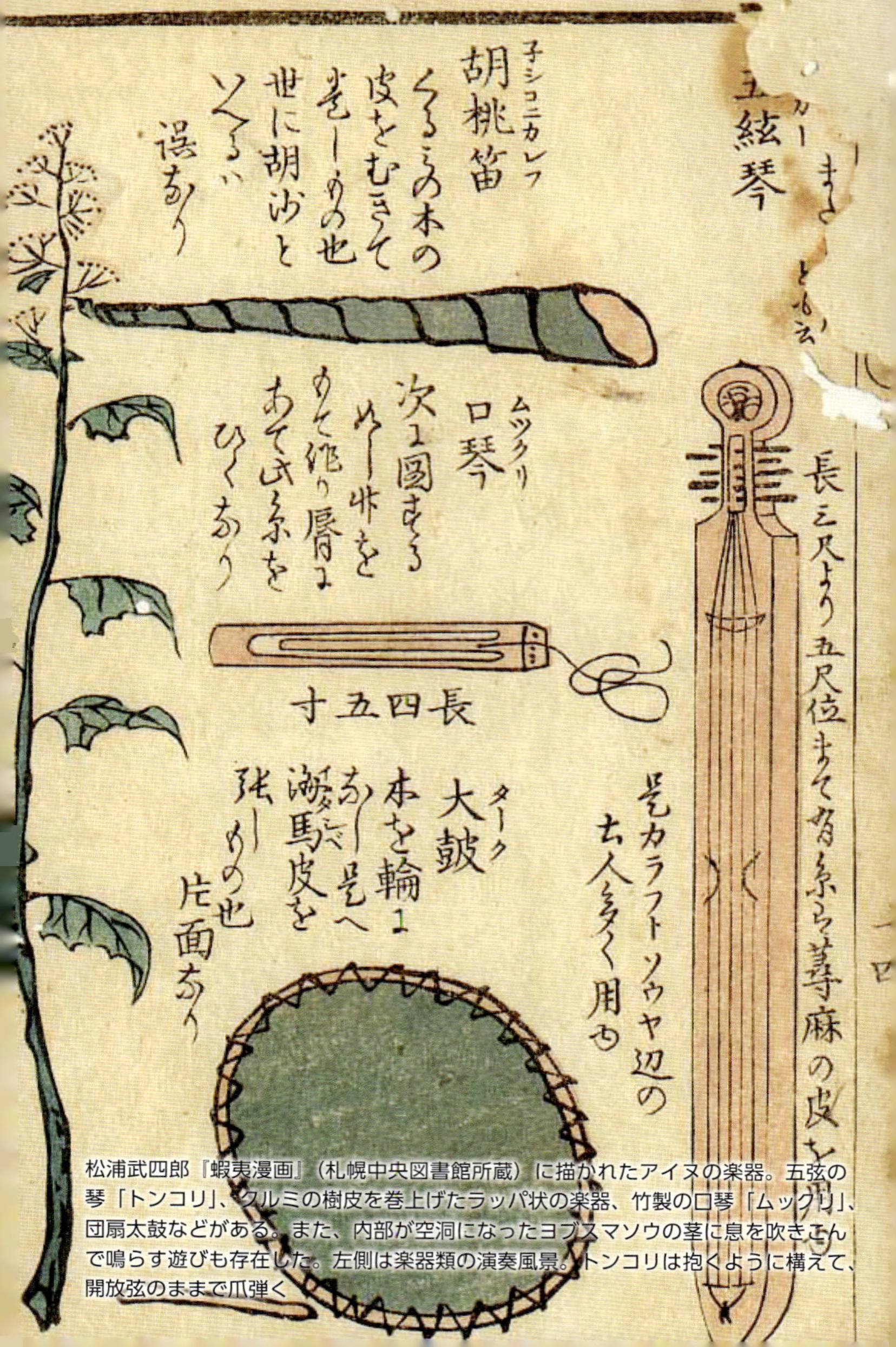

松浦武四郎『蝦夷漫画』（札幌中央図書館所蔵）に描かれたアイヌの楽器。五弦の琴「トンコリ」、クルミの樹皮を巻上げたラッパ状の楽器、竹製の口琴「ムックリ」、団扇太鼓などがある。また、内部が空洞になったヨブスマソウの茎に息を吹きこんで鳴らす遊びも存在した。左側は楽器類の演奏風景。トンコリは抱くように構えて、開放弦のままで爪弾く

チレカレツを吹さま
トンクルを弾さゆ
胡桃笛を吹き様
大鼓をたゝくさま
ムツクリルを曳さゆ
是ハ女夷う業せり
糸を引時ニ息を吹あり

アイヌ舞踊

歌はアイヌ語でシノッチャと呼ばれ、ウポポ（座り歌）がよく知られている。ウポポを歌うときは、まず床にシントコ（漆塗りの器）の蓋を置き、女性たちが車座になってこれを囲む。それぞれが平手で蓋を打ってリズムを取り、同一の歌詞を輪唱形式で歌い継ぐ。歌詞は単なる囃《はや》し言葉から、「イタソ　カ　タ　カニポン　クトゥシントコ　ヘルトゥルトゥン」（板の間の金のタガ付きシントコ　震える震える）など、華やぐ祝宴を描いたものとさまざま。踊りはリムセ、もしくはホリッパと呼ばれる。アイヌの歌には踊りが付き物なのでウポポとの区別は難しいが、イオマンテの場ではさまざまなウポポ、リムセが演じられる。酒造りの踊りからクマの檻を囲んでの輪舞、花矢を射かけられるクマへの踊りと続き、人間界の楽しさを、心を込めて披露したうえで、クマの魂をカムイモシリへと送る。

その他、男性が足踏みしてうなり声を上げるタプカラ、女性が舞う松の木の踊り、鶴の舞、弓の舞や刀の舞など男性女性、さまざまな踊りが今に伝承されている。

西川北洋『明治初期アイヌ風俗図巻』（函館中央図書館所蔵）より、イオマンテ後の宴の情景。画面左下では女性4人がシントコ（漆塗りの器）の蓋を打ってウポポ（輪唱）に興じる。画面奥で手を広げる男性2人は、タㇷ゚カㇻ（踏舞）をしているのだろう。

入れ墨

アイヌの女性は、年ごろになれば口元や前腕、手の甲にシヌイェ（刺青《いれずみ》）を入れる習慣があった。刺青を入れる理由としては「コロポックルがしていたから真似た」「火の神の産物である煤《すす》を体に取り入れ、神の加護を願う」「男の髭を真似た」などの説がある。

刺青は肌が柔らかい十代のうちから入れ始め、嫁入りのころには完成させる。まずヤチダモの樹皮、ヨモギの葉などを煎じて作った「薬液」で肌を拭い清めたうえで、黒曜石の破片や小刀で細かい傷を入れる。その傷に、シラカバの樹皮を焚いて採った煤、あるいは本州

1890年ごろに撮影されたアイヌ女性。口の周りの刺青は、白老や日高など北海道南西部では大きく、北海道北東部では小さい

産の藍染めの布地を煮出した青黒い液を擦り込み、最後にもう一度薬液で拭い清める。傷に煤などを擦り込むので苦痛は激しいが、傷が治れば完成である。

刺青は基本的に女性のみの風習だが、男性でも話術の上達を願って口の両端に、あるいは弓の技の上達を願って親指にと、体の一部に入れる例もあった。明治期に刺青は禁止され、現在ではほとんど行われていないようだ。

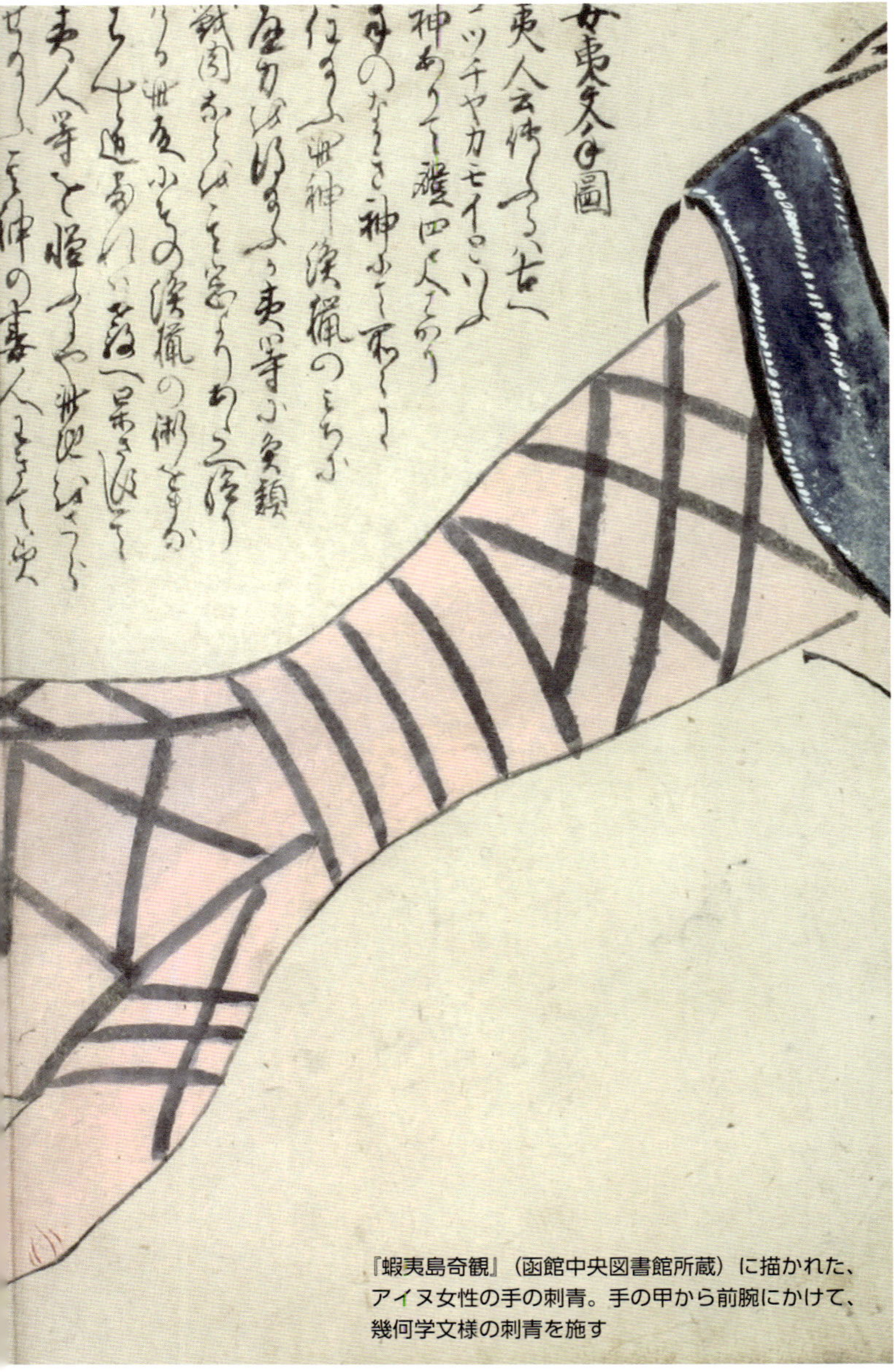

『蝦夷島奇観』（函館中央図書館所蔵）に描かれた、アイヌ女性の手の刺青。手の甲から前腕にかけて、幾何学文様の刺青を施す

らけりし候へは母夷ともいふなるを追
文身せし古老の傳説なりしを住
給ひし旧址等にて尋ねて土中より陶
器の缺けたる又は玉の類ひは種々の宝
掘出する事ありしノッカマップ邨の酋長
ミヨンコかいへりき日本紀神武天皇己未年二月條下曰高尾張邑有土蜘蛛其為人也身短而手足長与侏儒相類下略往昔かゝる者すみしや、これを傳聞
のかうき語ありて近年魯西亜人来り窟
せしは土中なと堀て住まひし家は遠き彼國へとき
在古に虜の作りてかく堀候へるなるとふもなきにて志るさる
夷人なれは泥やうのもの文はあれと傳へくし卦のこしをコツ
チヤ神の婦人にある事ふ文様なしあせしとめのしもとこるとあれ
しらかわし家コツチヤ神の旧址と駈れは其も何なる玉の細工なる
又は石斧雷斧なとの類ひは陽毋無し かゝる石器種々ありもあり
ミヤモコタニ邨の酋長ノチクサといへらくコツチヤ神のしるをカ子なりけれは細工
ふアジなど切りて切りといへり

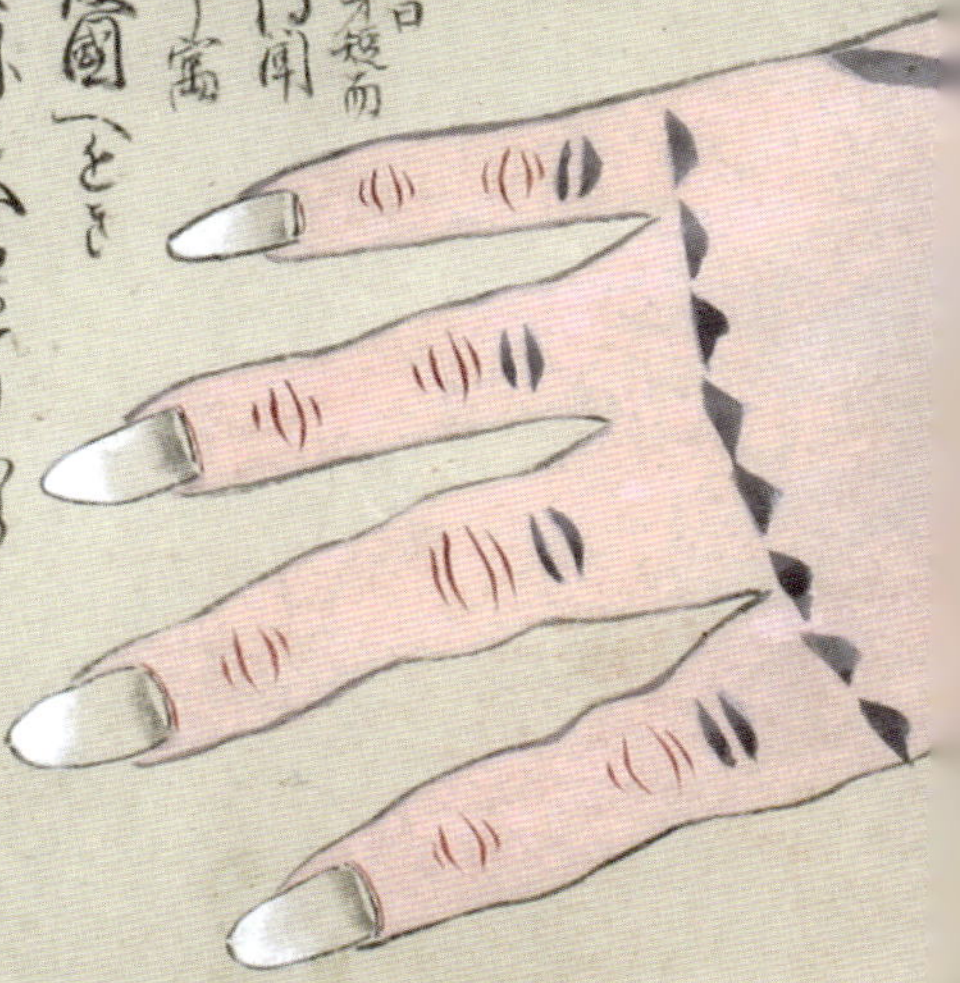

ヘアスタイル

アイヌの髪型は、大人と子どもとで大きく異なっている。生まれてしばらくは自然に伸ばすが、五歳程度になれば男女ともに頭頂部を剃り上げ、前髪のみ少し残す。なお、子どもの髪型は地域ごとに微妙な差があった。やがて十代の後半になれば大人になる準備として散髪を止め、しばらく伸びるままにする。そして大人になった証しとして、改めて髪を整える。大人の髪型は、男女ともに首のあたりで切りそろえた下げ髪である。

狩りや家事の折は頭髪が乱れないよう、男女共に鉢巻を巻く。儀礼に臨んではカツラの木の灰を水に溶かした液で丁寧に洗髪し、木製の櫛で何度も丁寧に梳《す》く。そして男性ならサパンペ（冠）をつけて盛装する。夫を喪った女性は、髪を短く切って数年の喪に服すこともあった。

男性は髪と共にあご髭を誇りとした。大人でありながら髭がない顔は神への不敬とされ、儀式に参加できない。罪を犯した者は、見せしめとして髪や髭を抜き取られたという。

明治初期に撮影された、アイヌの子どもたちの写真（『明治大正期の北海道・目録編』北海道大学附属図書館所蔵）。
子どもの髪型は、前髪の一部のみ残して、大半を剃り上げる

平沢屏山模写『蝦夷島奇観』（北海道大学附属図書館所蔵）に描かれた、アイヌ女性の盛装。成人女性の髪型は、首のあたりで切りそろえた「おかっぱ頭」である

アイヌの盛装

儀礼の際のアイヌは、さまざまな衣装や装身具で盛装する。男性ならば刺繍を縫い込んだ上等のアットゥシや木綿衣の上に、本州渡来の陣羽織、あるいは小袖を羽織る。肩には幾何学文様を織り込んだ帯で宝刀を吊るし、頭部にはイナウの削り花をまとめ上げた冠・サパンペを被る。サパンペは結婚式やクマ送り、新築祝いなどハレの場で帯びるものであり、葬式や先祖供養など死者にかかわる儀礼の際は着用しない。

女性は頭部に刺繍入りの鉢巻、マタンプㇱを巻く。女性がマタンプㇱを着用するようになったのは明治中期以降であり、それ以前はチェパヌㇷ゚、ヘコカリㇷ゚と呼ばれる無地の鉢巻に飾り結びをして儀礼に臨んだ。また喉には銅銭などを縫い込んだレクトゥンペ（チョーカー）を巻き、首からタマサイ（ネックレス）を下げる。タマサイは和人や中国東北部との交易で得たガラス玉を貫いたもので、ペンダントヘッドとしては本州産の、装飾がある金属板を付ける。交易の民・アイヌの文化と富が集約された装身具ともいえよう。

平沢屏山模写『蝦夷島奇観』（北海道大学附属図書館所蔵）より、盛装した男性。頭にはサパンペ（冠）を被り、腰にはエムㇱ（宝刀）を帯びる

アイヌ女性のネックレス「タマサイ」。写真の品は金属板やガラス玉とともにそろばん玉、銅銭を多数貫いた意匠であり、交易の民としてのアイヌ文化が垣間見える（市立函館博物館所蔵）

礼儀作法

アイヌの礼儀作法は、男女で異なる。男性が神を拝み、客人を迎える際はまず腹の前で合掌し、掌を合わせたままで左右に振りながらすり合わせる。そして手を開き、上側に向け、ゆったりとした動作で顔へ向けて数回上げ下げした後、あご髭をなでおろす。女性が客人を迎え、あるいは火の神を拝む際は、右手の人差し指で左手の掌をなで、その右手をそのまま上へあげ、人差し指で鼻の下をなでる。これらは共に正式な場の作法である。

一方で旧友同士がふと出会ったような場合は立膝をして座った状態で握手し、続いて互いの頭を、肩をなでさすり、そして健康を祝福する。あるいは立ったままで手を握り、打ち振るい合う。この動作をウルイルウェといい、主に女性が行う。大正時代のあるアイヌ研究者は、札幌や小樽の街中で知人のアイヌに出会えばウルイルウェで迎えられたといい「周囲の人込みにかまわずやられて面食らうが、受ける側も実にうれしいものである」と語っている。

親しい者同士の挨拶「ウルイルウェ」。互いの肩や手、膝頭をなであい、親愛の情をしめす　平沢屏山模写『蝦夷島奇観』（北海道大学附属図書館所蔵）

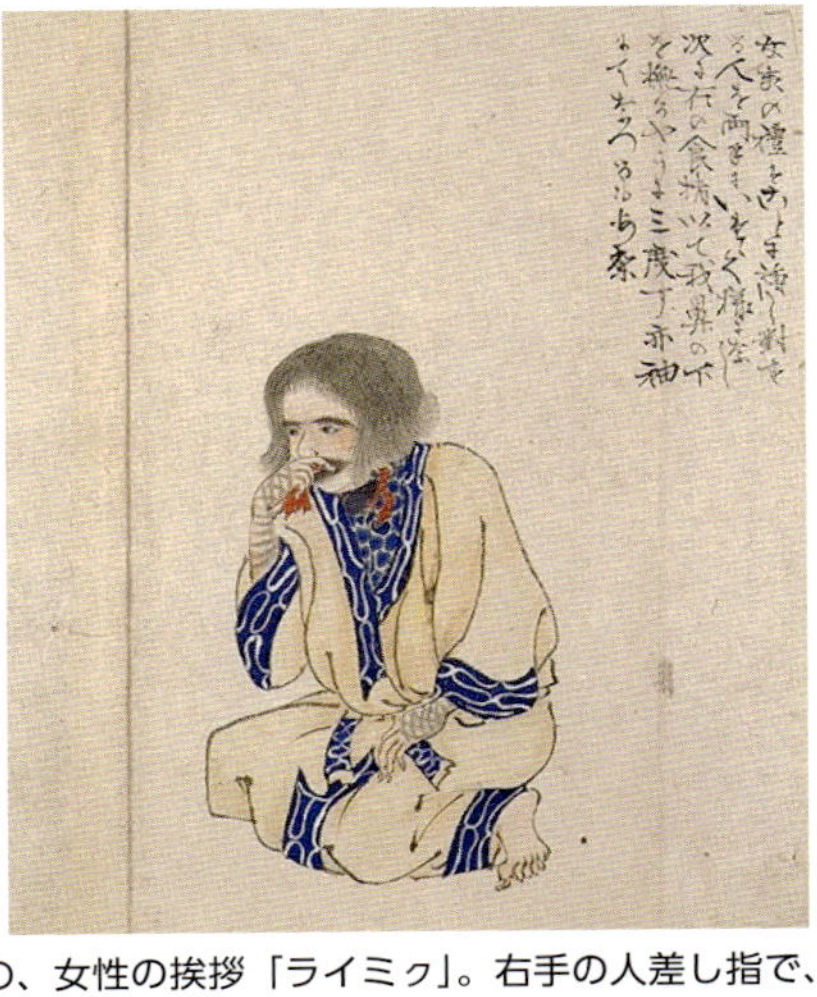

改まった席での、女性の挨拶「ライミㇰ」。右手の人差し指で、鼻の下をなでる　平沢屏山模写『蝦夷島奇観』（北海道大学附属図書館所蔵）

COLUMN

アイヌのお守り

アイヌは、伝統的にお守りを携えていた。男女ともに携えるのが「お守り袋」である。アイヌ語でプスクスリ、アペウチプクロと呼ばれ、小袋に塩、米、雑穀、乾燥させたギョウジャニンニク、シケレペ（キハダの実）などを入れる。中に入れる物や調合などは人により秘伝があり、他人に語ることは好まれない

悪夢を見たときは魔よけとして中身を撒き、幸運に巡り合ったときは感謝のために撒き、あるいは仲の悪い者の家に入る際も用心として密かに家の入口に撒いた。昭和中期、日高地方のとあるアイヌ女性が、アイヌ舞踊公演団の一員として東京に出た。そんな折、彼女が宿舎の窓からふと外を見ると「言葉にもならないほど毒々しい色の雀」（野生化したインコ？）が屋根にいるのを見かける。「何か悪いことの兆しではないか」そう危惧した彼女がすかさずお守り袋から雑穀をつかんで撒くと、鳥は嬉しそうについばんで去って行った。彼女は「何の災難にも遭わなかったのはお守りのおかげ」と語っている。

女性のみが使うお守りがメノコイナウと呼ばれるものである。これは黒糸と白糸をより合せて編んだ紐で、炉の火で軽くあぶれば火の姥神の魂が入る。これを腕に巻くか、神聖な植物であるイケマの根を刻んだ小片、あるいは穴あき銭かガラス玉にこの紐を通して首から下げることでお守りとなる。悪夢を見ればメノコイナウに火をつけて吹き消し、煙を浴びることで魔を祓《はら》う。

これらは形として出来上がったお守りだが、「体験」がお守りになる例もある。意外なものを目にして、それを誰にも言わずに内緒にしておけば、お守りのように作用し、その人は幸運に恵まれるのだという。

たとえば動物の交尾を見たら「あなた方に味方するので、私を守ってください」と唱え、以降はこのことを誰にも話さない。そうすれば運が開けるのだという。

縁起が悪い生き物とも、神獣ともされる蛇に出くわした場合が、一番効果があるという。もし山で蛇が交尾している場面に出くわし、それを誰にも言わなければ果報者になる。だが、面白がって他人に言いふらしたり見せびらかせば、幸運どころか不幸に取りつかれる。

戦後間もないころ、日高地方である若者が交尾中の蛇を捕まえ、面白がって皆に見せびらかした。結局、彼は数年もたたないうちに死んだという噂があった。

蛇の交尾も珍しいが、存在そのものが珍しい生き物に出会った場合も、それを内緒にしていれば幸運になる。蝶や蛾の幼虫、つまりイモムシはアイヌ文化においても徹底的に嫌われる存在。発見したら神聖な植物であるノヤ（ヨモギ）の茎で刺し貫いて退治する。そうしなければ、その後何度でも出くわすのだという。だがイモムシもお守りになる例がある。大正時代、ある者が草むらを歩いていると、妙な光が灯っている。よく見るとそれは大きなイモムシで、しかも光っていたという。彼はおぞましさに耐え切れず、何度も何度も叩き潰して隠滅した。だが、それを聞いた老人は「お前に幸福を授けようとしていたろうに、何ともったいない」と残念しきりだった。結局、その者は数年のちに、何の前触れもなく早死にしたという。もちろん、これも噂にすぎない。

珍しいものを目にしても、それからどういう対応をするかでその後の運命が決まる。「見るお守り」は、人の心を試す存在でもあるようだ。

毒草であり、薬草でもあるイケマの根はお守りとしても使われる。小さく刻んだ物を鉢巻に取りつけるか、小片を糸で貫いてネックレス状にしたものを首から下げる（サッポロピㇼカコタン提供）。

第五章　アイヌの文化

アイヌ語で村はコタンという。水陸の幸や交通の便に恵まれた場所に営まれる村々では、弁舌と体力、そしてルックスに優れた者が周囲から推挙され村長を務める。文字を持たない文化圏では、尊敬されるのは雄弁家だ。トラブルが発生すれば、両者が一定のルールのもとで徹底的に、時には何昼夜にもわたって持論を論じ合い、理非を決定する。

だが完全な「揉め事は話し合いで解決する。平等で平和な社会」ではなく、北海道各地に夜盗による襲撃、あるいは戦争の伝説も残っている。平和を愛するアイヌであっても、人は時に争い、戦い、財物を奪うこともある。北海道各地に残る「チャシ」と呼ばれる構造物は、聖地であり、見張り台であり、宝の保管場所であり、いざというときの砦であった。

西川北洋『明治初期アイヌ風俗図巻』（函館中央図書館所蔵）より、コタン（村落）の図。家々はすべて神聖な方角である東か、地域住民が拝む山、あるいは川の上流に向けて神窓を開いた構造。それぞれの家が母屋と祭壇、あるいは便所に倉を有している。一軒の家の住人は夫婦と成人前の子どものみで、「核家族」が基本だった

動植物の生態を元にしたアイヌの暦

新暦でも旧暦でも、一年は十二カ月。同様にアイヌ語にも一年を十二カ月に分ける月名が存在する（旧暦では閏月のある年もある）。和人の暦は「睦月」「如月」「弥生」と言葉は美しいが、それが何月を指すのか知らないと、それだけではその月がいつかわからないという難がある。

一方、アイヌの暦は、気候や動植物の生態に即したもの。月の名がそのまま生活暦となる。なお、地方差が大きく、各地で月の名は異なる。初夏の二カ月は「少しウバユリを掘る月」「本格的にウバユリを掘る月」、夏から初秋にかけては「少しハマナスを採る月」「本格的にハマナスを採る月」。サケ漁の終盤の季節は「松明漁の月」、そして厳寒期は「寒さで弓も折れる月」などと呼ばれる。

樺太アイヌの場合では「黒百合の根を掘る月」「キュウリウオを見る月」「干し魚を作る月」と、気候と植生の違いで北海道とは微妙に異なる。さらに千島列島の暦は「バイケン鳥の来る月」「鷗が卵を産む月」などと、ほぼ生き物の生態に由来する。

北海道・日高静内

旧暦	月のアイヌ語名	意味
1月	イノミチュㇷ゚	祈る月
2月	トエタンネ	日が長くなる月
3月	モキウタ	少しウバユリを掘る月
4月	シキウタ	本格的にウバユリを掘る月
5月	モマウタ	少しハマナスを採る月
6月	シマウタ	本格的にハマナスを採る月
7月	モニヨラㇷ゚	木の葉が枯れる月
8月	シニヨラㇷ゚	すっかり木の葉が枯れる月
9月	ハㇷ゚ラㇷ゚	葉が落ちる月
10月	ウレポㇰ	足裏に砂が付く月
11月	スナンチュㇷ゚	松明漁の月
12月	クエカイ	寒さで弓も折れる月

※旧暦の閏月は、北海道ではホㇿカパ（戻る年）と呼ばれる

樺太・多蘭泊《たらんとまり》

旧暦	月のアイヌ語名	意味
1月	トエタンネ	日が長くなる月
2月	ハㇵラㇵ	黒百合の根を掘る月
3月	キウタ	ウバユリを掘る月
4月	アラコイノカ	キュウリウオを見る月
5月	イフムパチュㇷ	刻みものをする月
6月	イマチュㇷ	焼き物をする月
7月	サㇵチェヘカㇻチュㇷ	干し魚を作る月
8月	イカㇻチュㇷ	物を作る月
9月	ウレㇸキタチュㇷ	足裏に霜を生じる月
10月	スナニㇱチュㇷ	松明漁の月
11月	ナンチュㇷ	寒い月
12月	ルウチュㇷ	凍る月

アイヌの法律

アイヌ社会のトラブル解決法には、神明《しんめい》裁判と話し合いがある。たとえば盗難事件などで犯人がわからない場合には、神明裁判が行われた。被疑者は熱湯に手を入れる、あるいは真っ赤に焼けた鉄をつかんですばやく放り出しても火傷しなければ無罪。古代日本の盟神探湯《くがたち》にも通じるこの判定法は、アイヌ語でサイモンと呼ばれる。一説によればサイモンの語源は「祭文《さいもん》」であり、中世日本の修験者が唱える呪文に由来するという。

アイヌの裁判法は基本的には話し合いである。ウコチャランケと呼ばれ、原告と被告が徹底的に論じ合い主張し合う。相手が論じている最中は決して話をさえぎらず最後まで聞く。そのうえで自説を、節をつけて述べ上げる。激昂して怒鳴り散らせば負け、話に詰まっても負け、疲れて倒れれば負け。そのうえで敗者が漆器などの宝物を差し出すことで和解する。それゆえ村を背負ってのウコチャランケに応じなければならない村の代表者には話術と体力、そして相手を圧倒するような威厳が要求される。

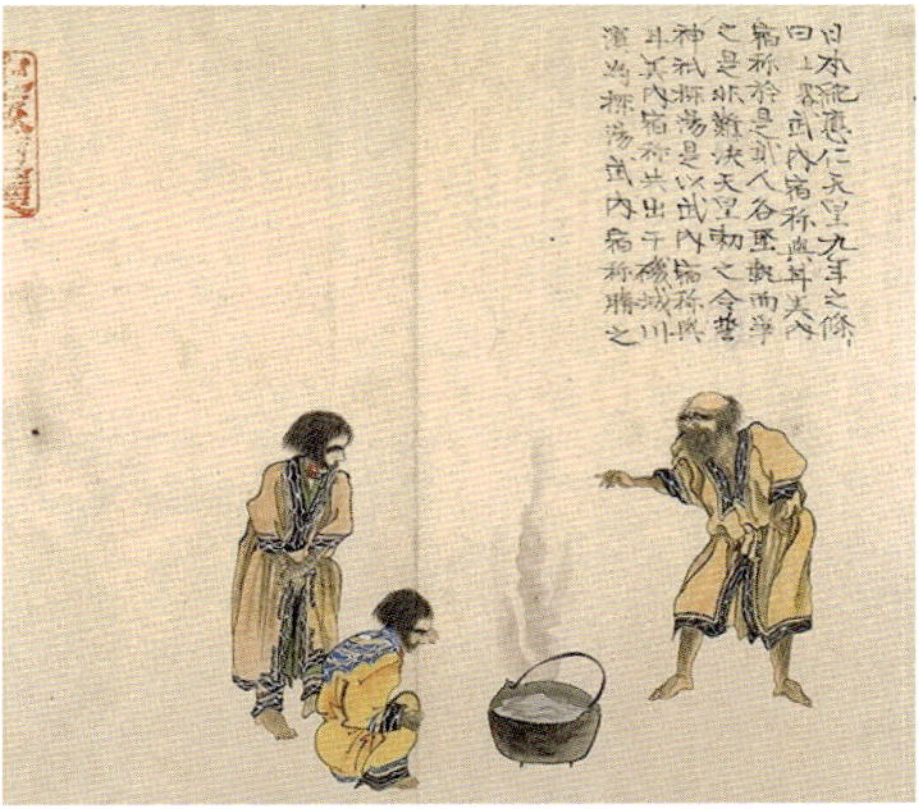

平沢屏山模写『蝦夷島奇観』(北海道大学附属図書館所蔵)に描かれたサイモン(盟神探湯)。古代日本の方式と同様、熱湯に手を入れて火傷すれば有罪、無事なら無罪

西川北洋『明治初期アイヌ風俗図巻』(函館中央図書館所蔵)より、裁判の模様。絵の詞書によれば、不義密通をした者に村長臨席で沙汰を下している、とのことである

アイヌ社会

アイヌ社会には階級差がないようなイメージもあるが、近世のアイヌ社会には富める者と貧しき者とが存在し、その格差はかなりはっきりとしたものとなっていた。一七九〇年代、現在の宗谷支庁にはチョウケンと名乗る長がおり、その子や孫は地域の重職を務めていたという。現代に残るチョウケンの絵姿は、竜を織り込んだ清国渡来の絹織物をまとい、宝刀を背負って富貴を誇る。また、何十人もの妻妾や使用人を抱えた長が交易で利益をあげていたとの記録もある。

では、アイヌ社会に格差が発生しはじめるのはいつごろからであろうか。首長と思われる墓の副葬品から考えると、すでに続縄文時代には、財の格差、階層化のようなものが見て取れる。この時代の格差は微弱なものではあったが、すでに格差社会の萌芽といえよう。和人との交易が活発になると、和人社会からの宝が首長の地位と威信を固定化させ、アイヌ社会の格差はより拡大したと考えられる。

本州渡来の小袖や陣羽織をまとって威儀を正す長老たち。平沢屏山模写『蝦夷島奇観』（北海道大学附属図書館所蔵）より

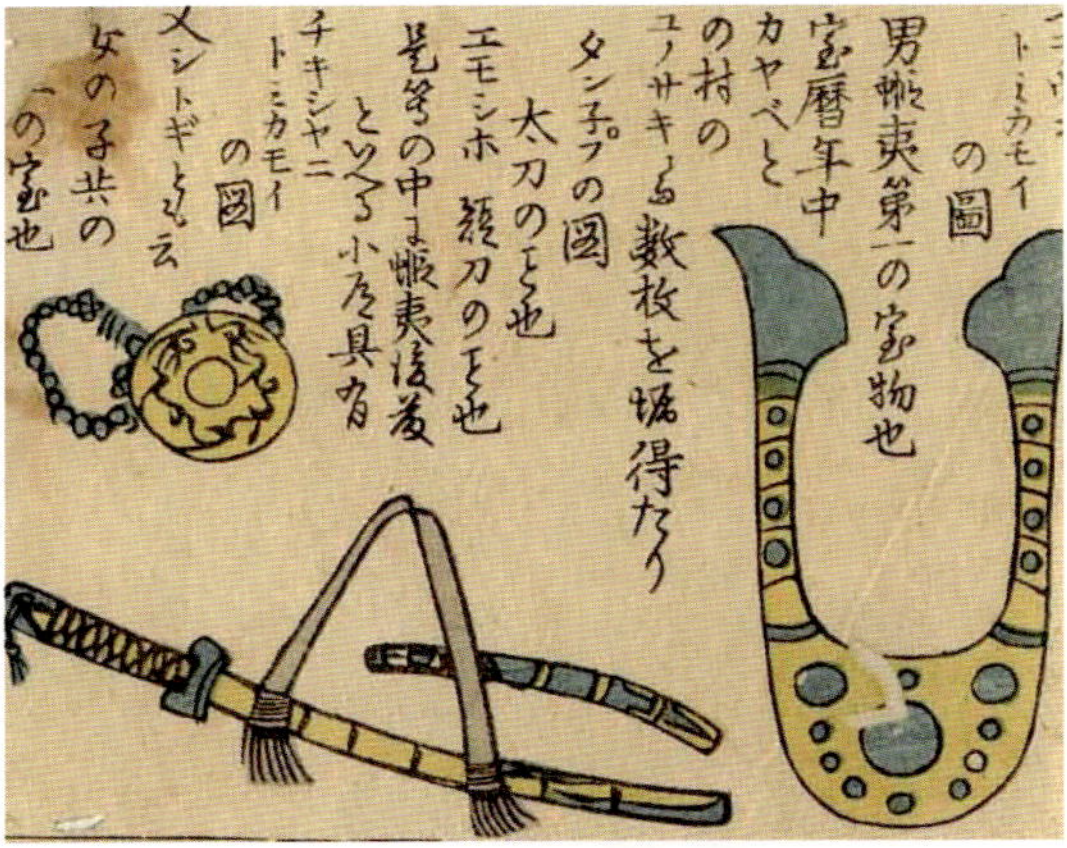

松浦武四郎『蝦夷漫画』（札幌中央図書館所蔵）に描かれたアイヌの宝物。ペラウッ゚トミカモイ（ヘラある宝神）と呼ばれた「鍬形（くわがた）」はアイヌが最も珍重する宝で、これを所持する者は江戸時代後期の北海道内で10人にも満たなかったという

チャシ

チャシとは、岬の突端などに築かれた、小さな砦のような構造を持った施設である。大きさはものによって異なるが、多くは直径一〇〇メートル以内で、日高地方や北海道東部に特に多い。一般的には「砦」と解釈され、実際のアイヌ同士の抗争伝説を伝えるチャシも少なくない。釧路川流域・塘路《とうろ》湖畔には、当地の名産であるヒシの実の争奪戦に備えたとされるチャシがあり、根室方面には2つのチャシ同士が争った末、一方が全裸の女性を用いた秘策で相手方を陥落させたという伝説が伝わる。

しかし、チャシは純粋な砦（小さな城）ではなく、村長の館、周辺の集落に暮らすアイヌの聖地、あるいは裁判などで用いられる公共の場、シカなどの獲物の加工場など、土地土地でさまざまな用いられ方をしており、単純に砦と言い切ることは難しい。首長が集積した宝の保管場所として用いられたと推測されるチャシも多く、そのようなチャシの中には、盗賊に襲われたものも少なくないという。

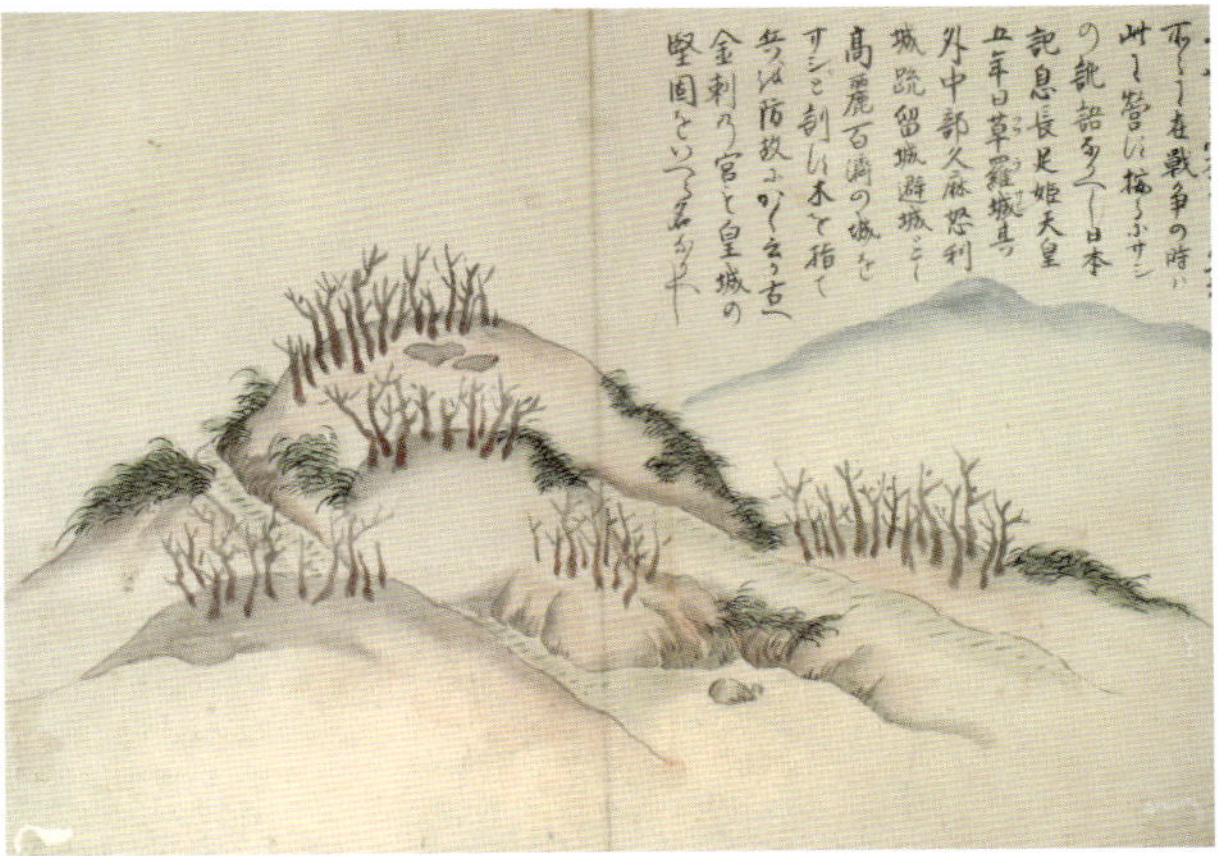

『蝦夷島奇観』（函館中央図書館所蔵）に描かれたチャシ。北海道内で500カ所が確認されている。その用途や起源に関しては、さまざまな説がある

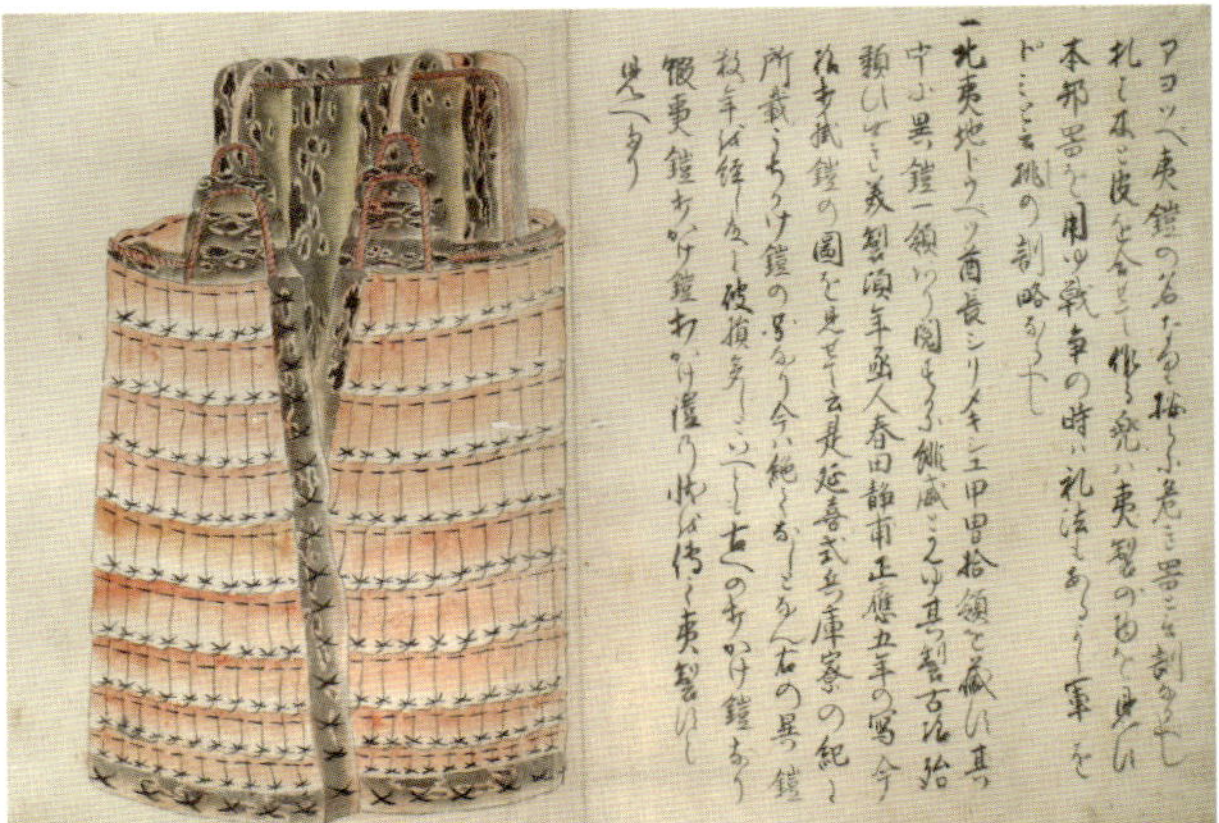

『蝦夷島奇観』（函館中央図書館所蔵）に描かれた鎧（よろい）。アイヌ語ではハヨㇰペと呼ばれ、海獣の皮の砕片を綴り合わせたものだが、この構造は日本の鎧に似ている

COLUMN

北海道の独特の地名

北海道の地名パターンには、本州（九州・四国を含む）とは異なる独特の法則がある。もちろん、それはアイヌ文化、アイヌ語を語源とした地名が多い。また、北海道の開拓の歴史によって生まれた地名もある。

「広島」「山口」「栃木」「新十津川」など、本州に現存する地名、あるいは似た地名が北海道には少なくないが、それらの多くは、開拓者集団が入植地に故郷の名を冠した例である。また「月形」「京極」「仁木」など、開拓の功労者の姓がそのまま地名となった例もある。本州で、江戸時代の新田開発で生まれた農地に「五郎兵衛新田」など、開墾者や用水路をつくった人物の名を冠した地名があるが、これと同じパターンである。

開拓者らが「希望」「自らの思い」を地名に託した「共和」「新生」「北進」「愛国」などといった地名もある。

味気ないのは事務的につけられた地名である。北海道の広大な原野は、開拓する前の段階では、地名の目印となる物がない場合が少なくない。そのため測量で開拓者に分割して与えた区分がそのまま地名となるケースがある。市街地は「西12条何丁目」などとされるが、農村地帯では「北3線」「西24線」などと区分され、そのまま地名として残された。

アイヌ語を語源とする地名

北海道の地名でもっとも独特なものが、アイヌ語、アイヌ文化を背景にもつ地名である。

「音威子府・オトイネップ」「鬼斗牛・キトウシ」など、日本語のパターンでは読めない難読地名。

「幌別・ホロベッ」「止別・ヤムベッ」「箸別・ハシベッ」など、末尾に「別」の字が付いた地名。

「札内・サッナイ」「奔内・ポンナイ」「真駒内・マコマナイ」など、「内・ナイ」の字が付いた地名。

他にも「冠」「幌」「蘂《しべ》」「留」「舞」など本州の地名では滅多に使用されない漢字が

北海道の地名には少なくない。なお、東北の一部にも同様の地名があるが、それらもまた、アイヌ語の影響をうけた地名であるケースが少なくない。

北海道地名では、八割を占めるものがアイヌ語に由来する地名であるとされるが、そこで用いられる漢字の使用は、漢字本来の意味と地名の意味とは関係がない、当て字であるケースがほとんどである。

アイヌ語地名で最も特徴的なのは川に関する地名であろう。川は人々の喉をうるおし、サケをはじめとするたくさんの食料を与え、動物たちの生活の場を提供し、植物を育てる。舟で川を下れば河口へ出ることができ、オホーツク海を渡ってカラフトに、日本海を渡って大陸に、南に進めば本州へと渡ることができ、毛皮などを携えていけば、交易でさまざまな産物、工芸品などを手にすることができる。川は、まさにアイヌ文化の生命線である。

ペッ（ベツ）・ナイの付く地名は河川に関係する

川を重視したアイヌは、どんな小さな流れの川でも、軽視することなく一つ一つに名前を付けた。アイヌ語で川は「ペッ」、もしくは「ナイ」と呼ばれる。樺太にはナイ地名が多く、北海道東部から千島列島にかけてはペッが多いなど、ペッとナイの分布密度には地域差がある。一説によれば、ペッはアイヌ語の新語であり、ナイは古語であるともいう、それらペッとナイの地名により、いつごろアイヌ文化が進出したかがわかると考えられ、文化圏が古くから存在した樺太にはナイが多く、新規に進出した千島列島はペッの形で命名されたと推測できる、との説もある。

東北にもナイとペッの地名が存在する。ナイ地名の分布は宮城県以北にまで広がるが、ペッ地名は青森、岩手、秋田までである。ナイ地名の分布域はアイヌが4世紀代に南下していた地域、ペッ地名の分布域は5〜6世紀に南下していた地域とおおむね一致しており、このことから、4世紀から6世紀にかけて、アイヌ語における川を示す言葉が、「ナイ」から「ペッ」へと転換したという説もある。

いずれにせよ、「シペッ」（大きな川）、「ポンペッ」（小さな川）、「トプウシナイ」（竹の生える川）、ハルタウシナイ（食料＝山菜をいつも採る川）、ホロカナイ（逆戻りする川）など、それぞれの流れの特徴に基づき、アイヌ民族は丹念に、心を込めて命名した。

漢字を当てればペッは「別」、ナイは「内」。それぞれ「支別」「本別」「富武士内」

「春田牛内」「幌加内」などと当て字されている。
なお、「大きい」「本来の」といった意味をもつ「シ」が「支」と当て字され、「小さい」を意味する「ポン」が「本」と当て字されることで、川の「本流」「支流」が誤解されやすいといった問題もある。

自然の地形を表すアイヌ語に当てられる漢字は、一定のパターンがある。オタ（砂浜）は歌、ヌプ（野原）は延、シリ（嶺、土地、島）は尻、プトゥ（川の合流点）は太、ピラ（崖）は平、ウシ（〇〇が存在する、〇〇が多いの意）は牛。

この知識があれば、北海道日本海に「利尻」「焼尻」「奥尻」の島々があるのも、石狩川流域にいくつもの「太」の付く地名、あるいは大河川流域や海岸に「歌」の付く地名があるわけも理解できるだろう。アイヌ語地名は、生活の中で培われた大地の知恵である。ちなみに一五五頁で記した難読地名の語源のアイヌ語と意味は「オ・トイ・ネ・プ」（川尻が濁っているところ）、「キト・ウシ」（ギョウジャニンニクが生える所）、「ポロ・ペッ」（大きな川）、「ヤム・ペッ」（冷たい川）、「ハシ・ペッ」（雑木の川）、「サッ・ナイ」（乾いた川）、「ポン・ナイ」（小さな川）、「マク・オマ・ナイ」（背後にある川）という意味である。

北海道の著名な地名と、アイヌ語の対応表

地名	アイヌ語	日本語訳
札幌（さっぽろ）	サッ・ポロ・ペッ	渇いた大きな川。市内を流れる豊平川の扇状地を差した言葉
小樽（おたる）	オタ・オㇿ・ナイ	砂の中を流れる川。現在の小樽市と札幌市の境界を流れる小樽内川にちなんだ地名
室蘭（むろらん）	モ・ルラン	小さな坂
苫小牧（とまこまい）	ト・マㇰ・オマ・ナイ	沼の後ろを流れる川
滝川（たきかわ）	ソ・ラㇷ゚チ・ペッ	滝が幾重にもかかる川。その日本語訳である。なお音訳した「空知」は川の名前になった
旭川（あさひかわ）	チュㇷ゚・ペッ	東の川。さらに意訳した「朝日の川」が地名となり、音訳した忠別が市内の川の名前になった。なおチウペッ（波の川）、チュㇰペッ（秋の川）との説もある
帯広（おびひろ）	オ・ペレペレケ・ㇷ゚	川尻が幾重にも裂けるもの。市内を流れる帯広川の流れに由来する
釧路（くしろ）	クッチャロ	喉仏。屈斜路湖から釧路川が流れ出す地点を喉仏に例えた地名である。クスリ（温泉水）、クシル（通り道）が由来との説もある
阿寒（あかん）	アカㇺ	円盤。円盤のように連なる山
根室（ねむろ）	ニ・ム・オロ	寄木の集まる所
網走（あばしり）	チパ・シㇼ	祭壇のある土地
稚内（わっかない）	ヤㇺ・ワッカ・ナイ	冷たい飲み水の川
利尻（りしり）	リ・シㇼ	高い島

参考文献『北海道の地名』山田秀三　北海道新聞社　1984年

※アイヌ語地名に関しては、主に山田秀三氏の著作物を参考とさせていただいた（アイヌ語地名の解釈についてはさまざまな見解があり、提示した説は一例）。

第六章 アイヌと縄文人

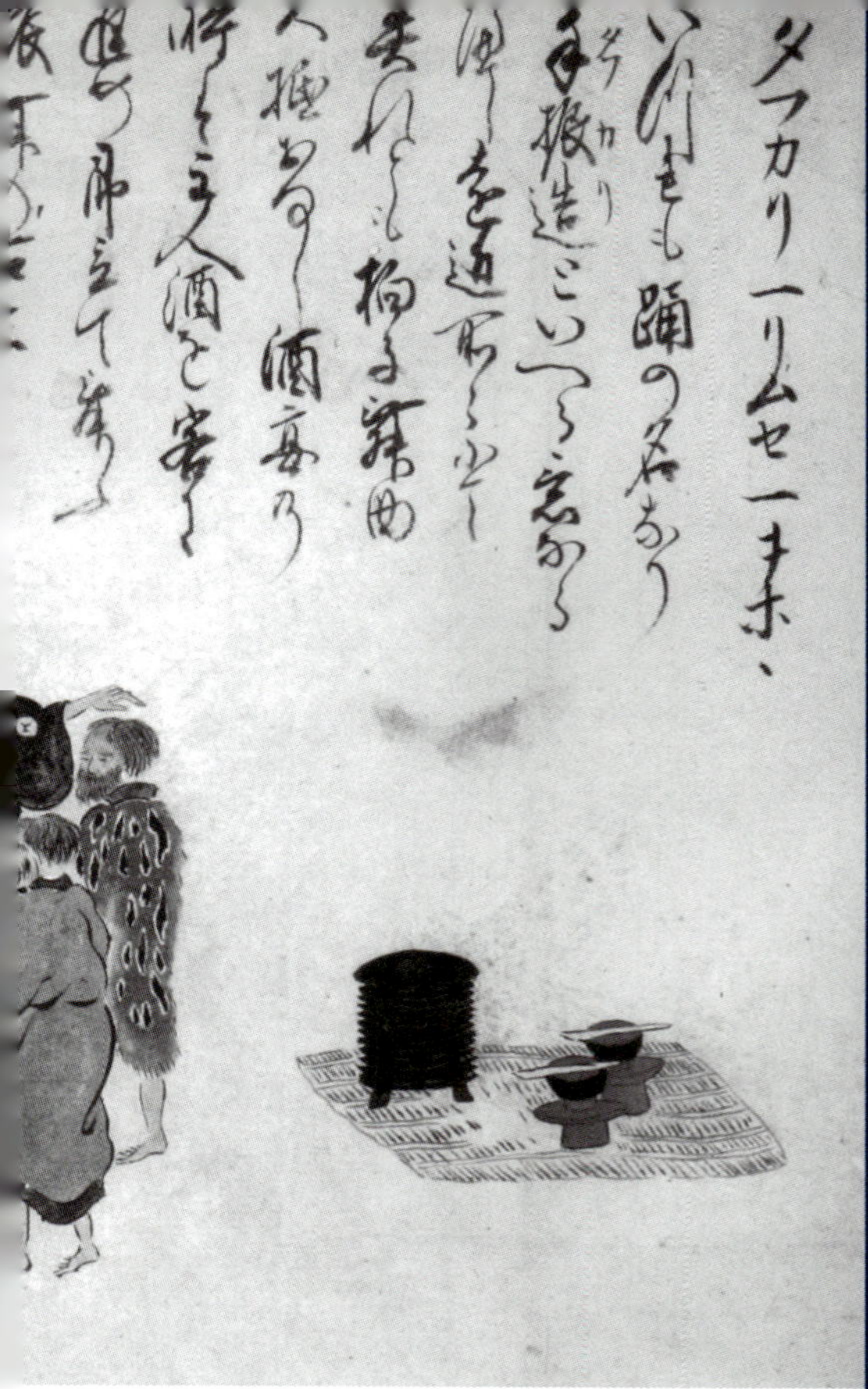

日本列島に最初に人類がやってきたのは、旧石器時代の約三万八千年ほど前であったと考えられている。日本列島に根付いた彼らは、その後、日本列島独自の縄文文化を成立させた。その後縄文時代は1万年以上続き、やがて大陸から水田稲作農業が渡来すると、九州北部で弥生文化が生まれ、弥生文化は次第に

アイヌの踊り
『蝦夷島奇観』（函館中央図書館版）より

東へと伝播し、東北北部まで弥生文化はひろまった。しかし、北海道では稲作農耕文化は受容されることはなかった。

アイヌは本州（九州・四国を含む）の日本人よりも、縄文人の遺伝要素をより多く受け継いでいることが、近年の研究で確認されているという。また、アイヌの文化には、縄文文化の伝統・思想が、少なからず影響しているとの説がある。アイヌの歴史、文化を語る時、縄文文化の影響は、無視することのできない大きな要素の一つであると思われる。

最初に日本列島に渡来した人々

縄文時代とは、旧石器時代の後、弥生時代以前を指す時代区分で、縄文土器を用いていた文化の時代とされる。

縄文土器とは、よく知られているように、縄の文様のある土器のことであるが、地域や時代により大きな差異が存在し、縄文土器と呼ばれるものが、すべて一律に縄目の文様であったというわけではない。

最初に日本列島にやって来た人々

旧石器時代、日本列島に最初に移住して住み着いた人々は、アジア大陸から移動してきたと考えられている。彼らがいつごろ日本列島にやってきたのかを示すもっとも確実な証拠はというと、古い人骨の発掘ということになるのだが、日本列島は酸性の土質であるためあまり古い時代の人骨は残らず、現在確認されている日本最古の人骨は、アルカリ性の土質の沖縄で発見された約三万年前のものである。しかし、旧石器および旧石器時代の遺跡は列島各地で発見されており、少なくとも、約三万八千年前には、日本列島で人々が生活していたと考えられている。

ヴュルム氷期（最終氷期）の晩期、約二万年前は現在よりも7度近くも気温が低く、

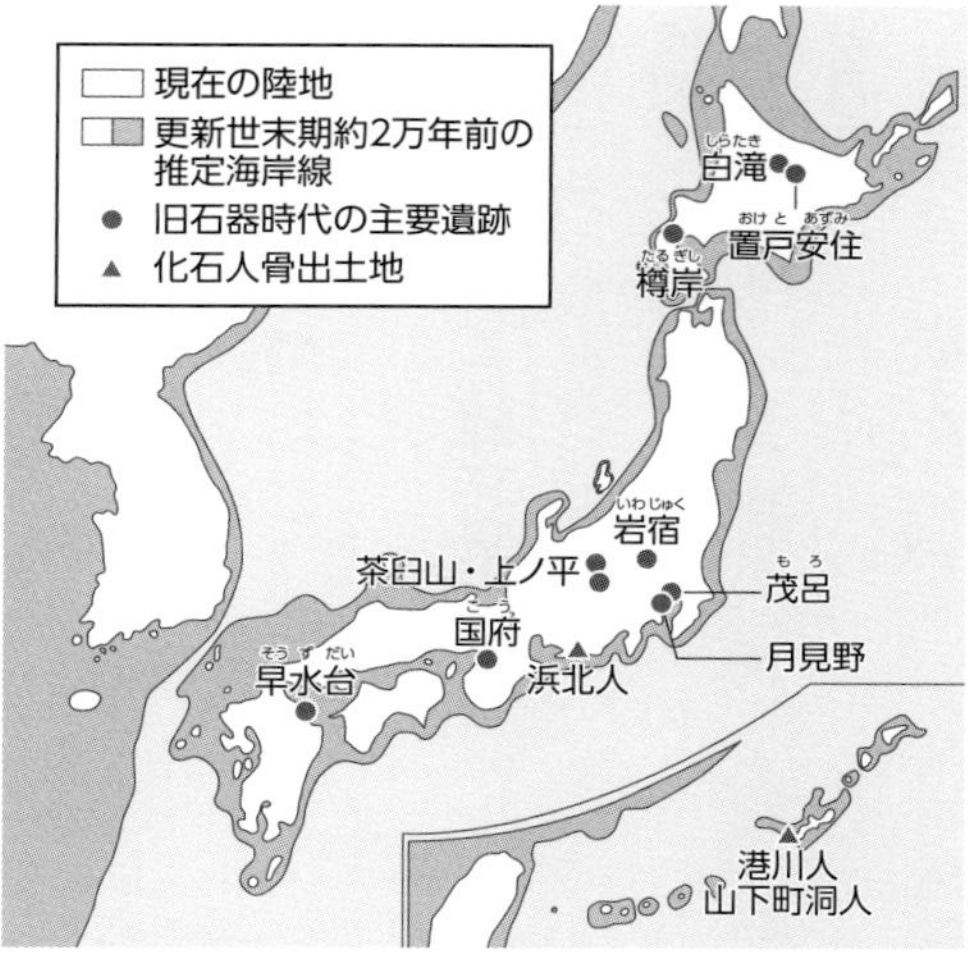

更新世末期の日本列島　（『新編　火山灰アトラス』町田洋・新井房夫　東京大学出版会より作成）

世界的に海水準（海面の高さ）が低下しており、日本列島はカラフトから北海道、本州と地続きとなり、シベリア方面から、ナウマンゾウなどの大型の動物を追ってくる形で多くの集団が日本列島に渡来したと考えられる。

朝鮮半島と九州とは、海峡が残っていたため徒歩での移動はできなかったが、幅が狭くなった海峡であれば、小形の丸木舟やイカダで渡ることは充分に可能であり、朝鮮半島経

由で渡来した人々も少なからずいたものと思われる。また、一部には、台湾や南方から舟で琉球諸島に流れ着き、さらには九州や本州に到達した人々もいた可能性がある。

こうして、旧石器時代に大陸から日本列島に渡来した彼らは土着し、縄文人の基底を形成することになる。

独自に開花した縄文文化

その後、急激な温暖化により海水準が上昇すると、日本列島は現在のように、北海道、本州、四国、九州の4つの大きな島に分離し、大陸から日本列島への人の移住は限定的となる。その結果、縄文人は大陸の人々・文化と隔てられ、日本列島で、独自の縄文文化を成立させることになる。

縄文文化、縄文時代特有の生活形態は、温暖化に適応した結果生まれたと考えることができる。旧石器時代の人々は一カ所に住居を定めず、広い範囲を移動して生活していた。これを「遊動生活」と呼ぶ。急激な温暖化は日本列島の植生を大きく変化させ、針葉樹の森と草原は減少し、広葉樹の森が発達した。そこに実る木の実は、シカ、イノシシ、カモシカなどの動物を増やしたが、草原や針葉樹に生きるナウマンゾウなどの大型動物は急激に数を減らすことになる。

海水準の上昇は内湾を形成し、豊かな森から流れる栄養分は、近海の魚貝類を繁殖させた。雨量の増加は河川の魚も増やし、それらは縄文人の食料となった。こうして、縄文人は季節に応じて採取・狩猟・漁労を行うことで豊富な食料を手に入れ、余剰の食糧は保存・加工されることで貯蔵可能となり、食糧事情は安定した。動物の群れを追い求めて住居を移動させる必要がなくなった彼らは定住生活を始め、文化レベルが蓄積するとともに「土器の製作」「石鏃《せきぞく》（石のやじり）の出現、石皿・磨《すり》石・凹石の普及」といった「縄文文化」を育むことになる。

三内丸山遺跡（撮影/望月昭明）　青森県青森市にある日本最大級の縄文遺跡。

縄文時代の開始時期には諸説あるが、現在では、おおよそ一万六千年ほど前であろうと考えられている。以降、弥生時代が始まるまで、約一万三千年ほど縄文時代は続くことになる。

偉大にして豊かなる縄文文化

狩猟・採集に加え、農業の萌芽もあった縄文時代

多くの人が縄文人の生活に対し、基本的には狩猟と採集によるもので、魚貝や鳥獣を採取し、時に木の実を拾い集めて食べるといったものをイメージしていると思われる。しかし、近年の研究により、縄文人はかなり早い段階から、有用な植物の栽培を行っていたことがわかってきた。縄文時代にはすでに、クリやウルシなど特定の植物が栽培され、縄文人はそれらを生活に利用していたのだが、これは明らかに農業と呼べる文化である。

三内丸山遺跡に復元された掘立柱建物（撮影/望月昭明）
高床式の倉庫として用いられたと推定されている

青森県の三内丸山遺跡周辺の土中の花粉を分析したところ、集落の周辺はクリの林で覆われており、そのクリの遺伝子パターンの多くが共通していたことが確認されている。つまり彼らは、クリ園を意図的・人為的に作り、運営していたのである。なお、青森で生産されたクリは津軽海峡を越え、自然分布ではクリが存在しなかった北海道にまで運ばれ、栽培されたことがわかっている。

三内丸山遺跡に植えられているクリ（撮影/望月昭明）
クリは縄文人にとって重要な食糧であるだけでなく、木材としても利用され、さらに枝葉は燃料として用いられた。

縄文時代に花開いた漆文化

縄文文化で特筆すべきもののひとつに、漆文化がある。考古学の世界では、これまでウルシは中国が原産で、漆技術も中国で生まれて日本に伝わったと考えられてきた。

中国で発掘されたもっとも古い漆

製品は、浙江《せっこう》省の跨湖橋《ここきょう》遺跡から出土した木製の弓らしきもので、約七千六百年前のものである。これに対し、日本最古の漆製品は、北海道函館市の垣ノ島B遺跡から発掘された、墓に埋葬された人が身にまとっていた編布状の赤い漆製品で、約九千年前のものである。

これは、世界最古級の漆製品ということになり、その高度な技術から推測するに、この段階までに漆文化が発達するには、それ以前にかなりな漆文化の熟成期間があったと考えられる。中国において、より古い時代の漆製品が発掘されたとしても、日本にそれが伝播したと考えるよりは、日本では独自に漆文化が発生・発展していたと考えるべきであろう。

これを証明するように、九州の縄文遺跡からは、ほとんど漆製品が発掘されていない。この事実から、東北、北海道の漆文化は、朝鮮半島経由で伝来したものではないと推測できる。

縄文時代の北海道では、世界最古級の漆文化が開花していた。しかし、その文化・技術を、中近世の北海道のアイヌは受け継いではいなかった。その理由は不明であり、今後の研究に期待するところである。

なお、アイヌは漆器を生産しなかったが、彼らは動物の毛皮やワシの羽、サケなどを交易品とすることで、本州産の漆器を手に入れ利用していた。

縄文時代晩期の土器と勾玉（写真提供　北見市教育委員会）
北海道北見市、常呂川河口遺跡で出土した土器とヒスイの勾玉。

海峡を越えて交易していた縄文人

縄文時代、北海道と本州に暮らす人々は、海峡を越えて密接に往来し、産物の交換・交易が、継続的に行われていたことがわかっている。新潟県糸魚川産のヒスイや、房総半島以南に生息するタカラガイ、岩手県久慈産のコハク、秋田県や新潟県産のアスファルト（土瀝青《どれきせい》）など、本州の物産が、北海道各地の縄文遺跡で確認されている。

彼らの交流は、我々が想像する以上に頻繁で、その関係はとても密接・良好なものであったものと思われる。

北海道と沖縄に残った縄文文化

紀元前十世紀ごろに始まった弥生時代

縄文時代は約一万六千年前に始り、水田稲作農耕が日本列島に伝来して弥生時代が始まる二千数百年前まで続いたとされているが、地域によっては縄文の文化はその後もしばらくは残り続けた。日本列島全体が、同時期に、一律に弥生時代に突入したというわけではない。水田稲作と、それに付随する新しい技術・文化は九州北部地方から、瀬戸内海、近畿地方の平野部へと広がった。

これまで、日本で水田稲作が始まったのは紀元前4世紀ごろとされていたが、国立歴史民俗博物館の近年の研究では、その時期は紀元前10世紀後半にまで遡るという。紀元前4世紀ごろに青森県弘前地域でも水田稲作が始まるが、関東南部で始まるのは、さらに遅れて紀元前2世紀ごろ（『〈新〉弥生時代』藤尾慎一郎）であるという。

農業を主体とした生活形態が、狩猟採集の生活よりも優秀な生活形態であるという考えをもっている人は、農業を知った者が、狩猟・採集をベースとした生活から、す

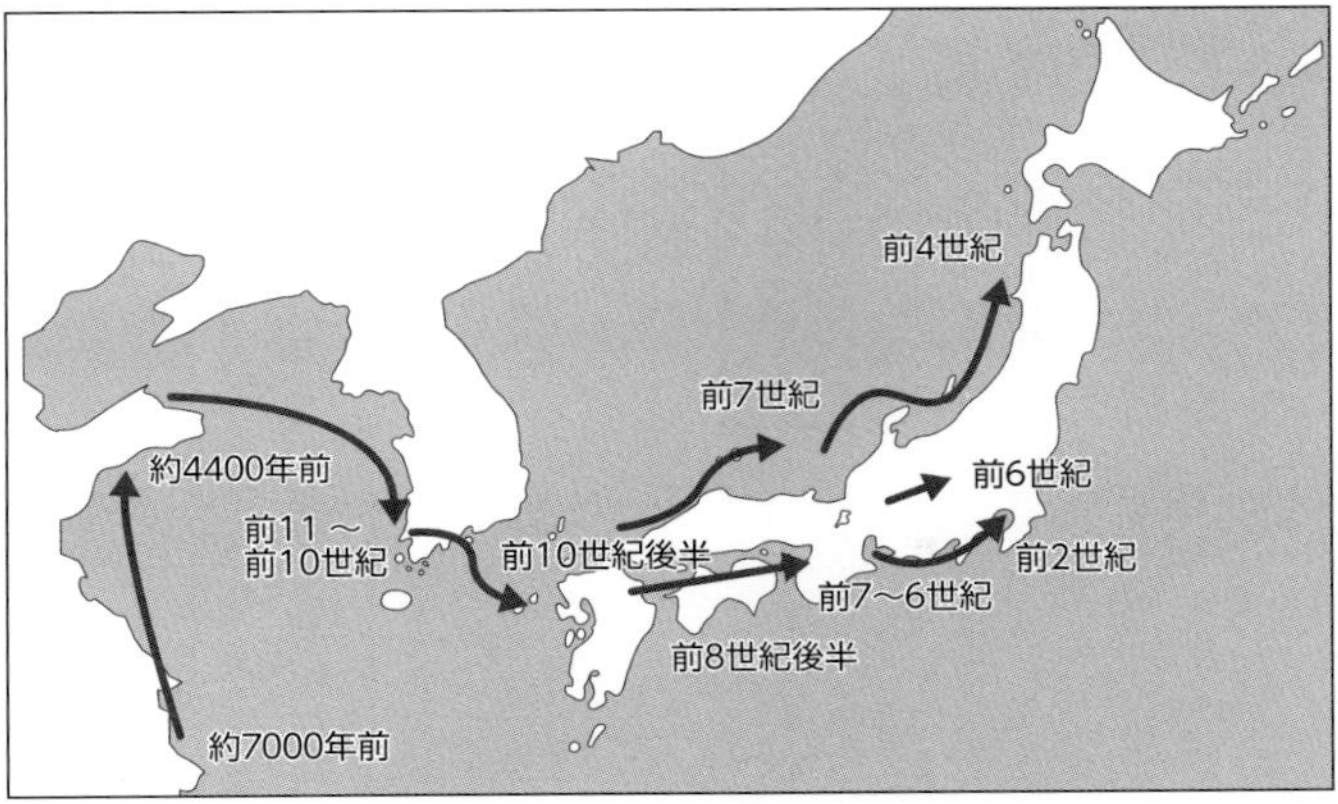

東アジアにおける水田稲作の拡散　(『弥生時代の歴史』藤尾慎一郎　講談社現代新書を一部修正)

ぐに農業を主とした生活に転換すると思いがちであるが、実際はそれほど単純なものではない。

たとえばだが、狩猟中心の生活をしていた北米の先住民は、ヨーロッパ人が北米に進出した後も、麦の栽培を積極的には取り入れず、それまでと同様の狩猟生活を継続した。

農業としては、旧来のコーンなどの栽培をしていた程度である。北米大陸には、無限とも思える数のリョコウバトが空を覆い、数えきれない数のバイソンが草原を疾駆していた。そしてそれらはカロリーが高く、味も素晴らしく、捕まえるのも容易であった。彼らが麦などの栽培を積極的に行わなかったのは、そうではない生活を彼らが選択したからであったと思われる。

緩やかに進んだ日本列島の弥生化

大陸や半島からの渡来人が、日本列島に水田稲作とこれに付随する文化を持ち込み、日本は弥生時代へと突入した。しかし、これにより、列島全体が短期間で弥生文化に覆われたというわけではなく、縄文時代から続く、狩猟を中心とした生業や社会、道具や文化は、その後も影響を残し続けたのである。

弥生時代においても多くの人が竪穴式住居に暮らし、石器をはじめとする縄文時代に用いられていた道具が、その後も用いられた。水田稲作と弥生文化は、急激に広まったわけではなく、縄文文化を残しつつ、緩やかに受け入れられていったのである。

一方、北海道や琉球諸島では、水田稲作農業への移行は進まなかった。その理由はさまざまであると思われるが、水田稲作にあまり適していない環境（気候や地形）であったことと、豊かな自然の恵みがあったことで水田稲作を受け入れなくとも生活が成立したことが影響したと推測される。

ただし、彼らが農業をまったく受け入れていなかったということではない。雑穀な

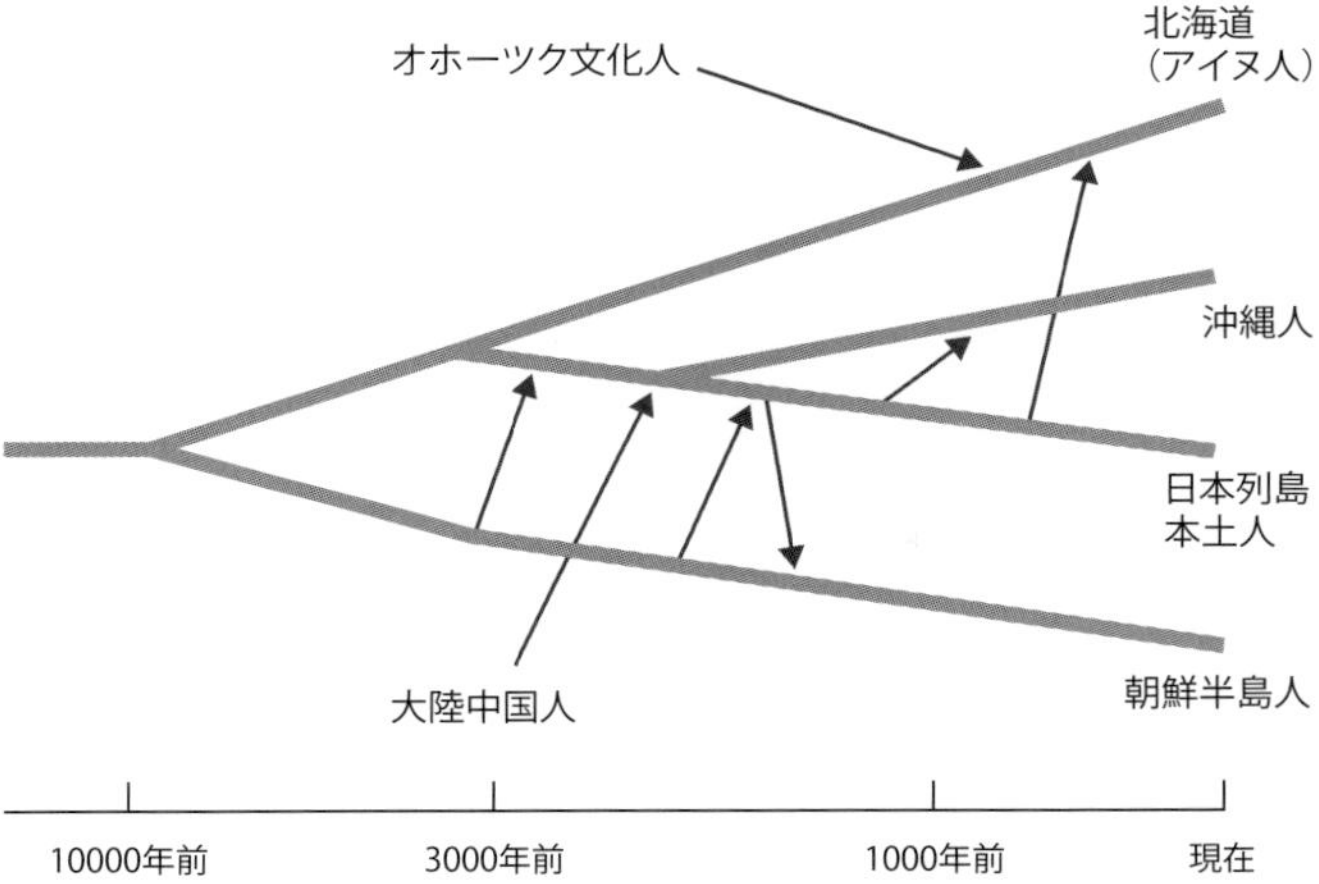

日本列島人の形成モデル（『ＤＮＡから見た日本人』斎藤成也　ちくま新書より）

どの栽培は補完的に行われていたし、先述したように、クリの栽培などは、縄文時代にすでに行われていた。しかし、結果として彼らは水田稲作農耕を中心とした生活を選択せず、狩猟・採集を中心に生活した。

こうして、日本列島の北端と南端に、自然とともに生きる縄文的生活文化が残ることになった。この状況は、弥生人が縄文人を駆逐して、日本列島の両端である北海道と琉球諸島に縄文人が生き残ったということではなく、それぞれが環境に合致する生き方を選択した結果、縄文の文化が日本の南北に残されたと考えるべきであろう。

北海道の時代区分

北海道を中心に、サハリン南部や千島列島に生活するアイヌの歴史は、奈良や京を中心とする本州（四国・九州を含む）の歴史とは、その歩みがかなり違ったものとなっている。まずはアイヌの歴史の概要を簡単に説明させていただくことにする。なお、この項については、本書の監修者である瀬川拓郎著『アイヌと縄文』『アイヌの歴史』より多くを引用している。

北海道は、近世になるまで本州の中央政権の影響は限定的で、歴史もまた独自の歩み方を見せているが、アイヌには文字による記録がないため、考古学的な資料をもとに歴史を復元しなくてはならない。日本の歴史を語るとき、中央政権の動き・文字記録をもとに、「飛鳥時代」「奈良時代」といった時代区分がなされているが、アイヌは文字記録をもたないだけでなく、本州の中央政権に支配されていたわけでもないため、時代区分も本州のそれとはかなり異なったものとなっている。北海道と本州の考古学年表を並べて示したが、そこにはかなりの違いがあることに気づくだろう。

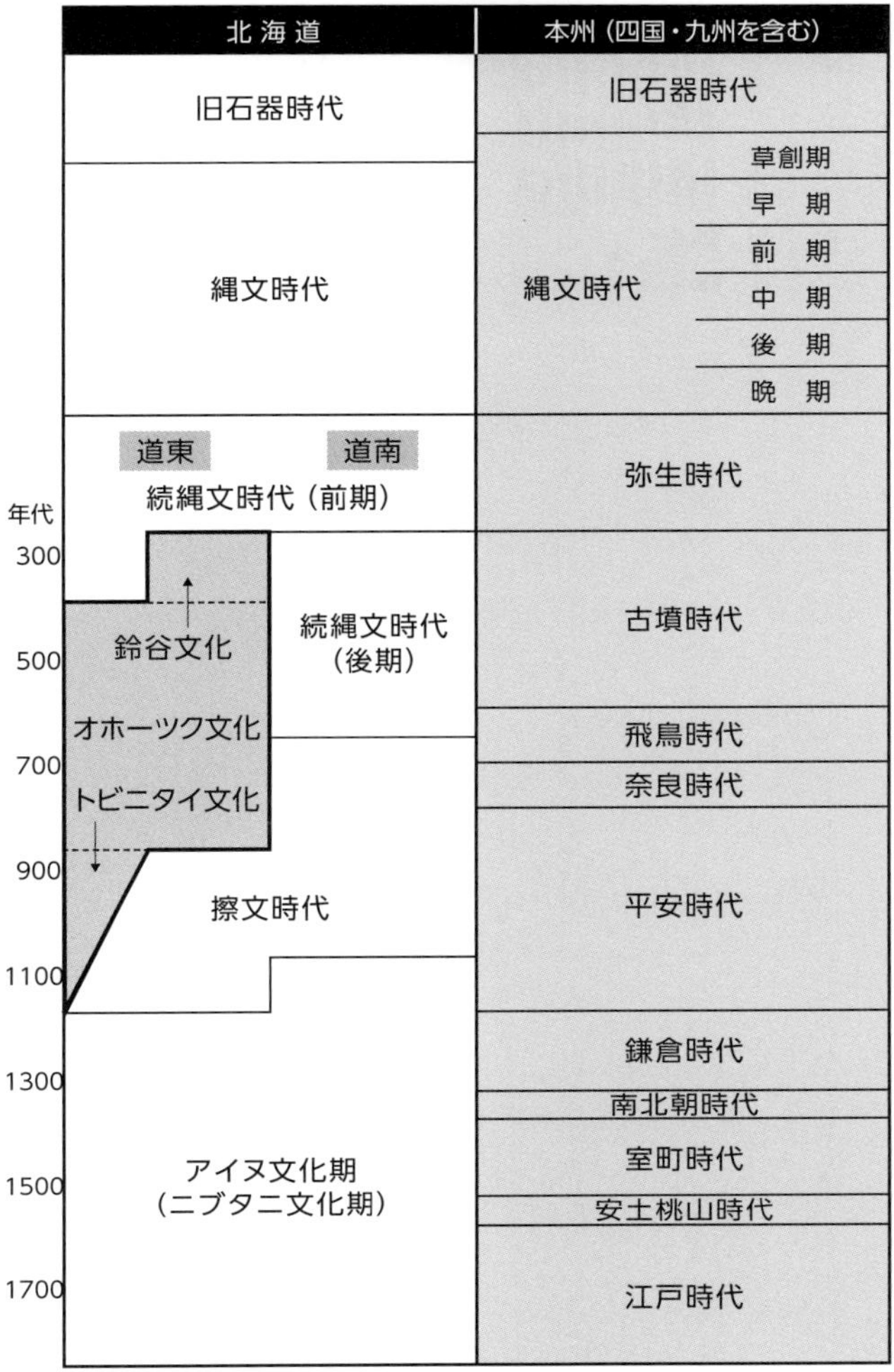

北海道の時代区分（『アイヌ学入門』瀬川拓郎　講談社現代新書より）

北海道の旧石器時代

静岡県沼津市愛鷹山の約三万八千年前の旧石器時代の遺跡から、伊豆の神津島の黒曜石が発見されている。これは、この時代にすでに、太平洋沖50キロの神津島から、旧石器時代の人類が舟で黒曜石を本州にまで運んでいたということである。少なくとも、この時代前後から、日本列島の旧石器時代が始まったと考えてよいだろう。

一方、北海道に最初に人類がやってきたのがいつごろかは不明ではあるが、北海道の各地で旧石器時代の遺跡や石器が発掘されており、少なくとも、おおよそ三万年以上前には北海道に人類が到達していたものと考えられている。彼ら旧石器人が縄文人の祖先と考えられるが、残念ながら旧石器時代の人骨は発見されておらず、その実態は明らかにはなっていない。遠軽《えんがる》町白滝《しらたき》遺跡では、460万点にものぼる大量の石器が発掘されており、「旧石器時代の大工業基地」などと呼ばれているが、すでに相応の旧石器人が暮らし、コミュニティのようなものを保持していたことが、その石器の数から推測できる。

岐阜第二遺跡出土石器（写真提供　北見市教育委員会）　北見市を縦断して流れる常呂川（ところがわ）下流域に当たる常呂地域の岐阜第二遺跡（縄文・続縄文・擦文の各時代の集落が確認され、旧石器時代の遺跡も確認されている）より出土した石器。岐阜第二遺跡で確認された旧石器時代の遺跡の年代は約二万五千年前と考えられている。頁岩（けつがん）という白い石を使って作られているのが特徴で、石器の材料としては黒曜石のほうが良質なのだが、この石器を用いていた人々は、黒曜石を安定的に入手できないため、頁岩を石器に加工して用いたものと思われる。（「ところ遺跡の館」展示案内の解説より）

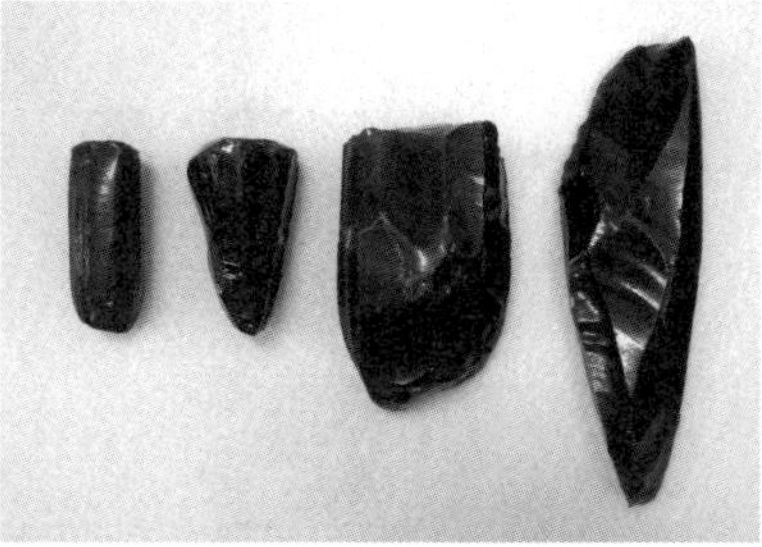

紅葉山遺跡出土石器（写真提供　北見市教育委員会）　常呂川の上・中流部にあたる北見盆地周辺の遺跡では、常呂地域の岐阜第二遺跡とは対照的に、ほとんどの石器が黒曜石で作られている。この地域では、石刃を小型化した、かみそりの刃のような形態の石器「細石刃」が盛んに作られていた。ここで紹介している石器は、細石刃を作るもとになる細石刃核で、端部や表面などに細石刃を打ちはがしてできた細長い痕を見ることができる。（「ところ遺跡の館」展示案内の解説より）

北海道の縄文時代

謎の残る縄文時代の始まり

縄文時代の始まりについては諸説あり、1990年代までは、約一万年前から一万二千年前とされ、学校の教科書などでもそのように書かれていたが、近年では、約一万六千年前に遡るという考えが主流となりつつある。

青森県大平山元Ⅰ遺跡《おおだいやまもといちいせき》で発掘された土器の年代が、約一万六千五百年前となる可能性があると発表され話題となった。また、長崎県福井洞窟、同泉福寺洞窟で発見された土器についても、約一万六千年前ごろのものとされ、日本列島における土器の出現、すなわち縄文時代の始まりは、その前後まで遡るものと考えられるようになった。

もちろん、縄文文化がすぐに弥生文化に置き換えられたわけではないように、縄文文化もまた、地域的、時間的に濃淡を作りながら、広まっていったものと思われる。

これまで、土器は温暖な気候の、豊かな森林資源を利用するために発明されたと考えられてきた。温暖な広葉樹林で採れる堅果（木の実）を食料として利用するため、

縄文時代早期の石刃鏃とこれに伴う石器群（写真提供　北見市教育委員会）北見市トコロチャシ跡遺跡［常呂遺跡］では、石刃鏃とこれに伴う石器群。石刃鏃とともに、石刃製の石槍、掻器、磨製石斧、大小の石刃などがまとまって出土している。同遺跡は縄文時代〜アイヌ文化期の遺跡で、本資料は常呂遺跡の中では最古の時期に属するものである。（文化遺産データベースの解説より）

煮炊きに使うという考えであるが、約一万六千年前の北東北は寒冷な気候で、針葉樹中心の植生であり、堅果類が多い縄文的環境ではなかったと考えられることから、土器が発明された理由についても、これまでとは異なる考え方が求められることになる。（『ここが変わる！　日本の考古学』藤尾慎一郎・松木武彦【共編】より）

縄文文化は、南は沖縄諸島から、北は千島列島南部のエトロフ島まで、日本列島のほとんどの地域で展開し、日本列島の住人は、ほぼ一万年にわたって縄文文化を共有した。

現在、北海道で確認されているもっとも古い土器は、約一万四千年前のものとされているが、北海道の縄文時代の始まりがいつごろにまで遡るのかは、まだはっきりとはわかっていない。

約一万年前から活発化した北海道の縄文人

北海道では、約一万年前より後の時代に縄文遺跡の数が増えているので、このころより縄文人の活動が活発になり、集落の数も増えたようである。この時代になると、気候は現在よりもかなり暖かく、豊かな森林資源が彼ら縄文人の生活を豊かなものへと変えたものと思われる。

先述しているように、北海道垣ノ島B遺跡から約九千年前の漆製品が確認されているが、温暖化により得られた豊かさが彼らの文化レベルを高いものへと押し上げ、漆製品などを生みだした可能性は高い。

北海道北見市に、縄文時代中期の終わりごろの貝塚が残されている。北見市常呂地域にあるトコロ貝塚は、オホーツク地域でも最大級の規模の貝塚であるが、ハマグリなど、温暖な海で生息する貝が確認されており、当時の温暖な気候を物語っている。

縄文時代晩期の土器（写真提供　北見市教育委員会）北海道北見市常呂川河口遺跡より出土。人面を表現した文様の土器も含まれる。幣舞式（ぬさまいしき）に位置づけられ、底部が曲面をなし軽く突出する特徴が見られる。（文化遺産データベースの解説より）

縄文時代後期になると気候は寒冷化し、北海道の遺跡の数も少なくなる。一方、土器の種類や形状は多様化し、さまざまな形の土器が作られるようになる。

縄文時代晩期になると、お墓に土器などを埋葬する風習が見られ、漆で着色されたものや、人の顔のようなユーモラスなものが確認できる。また、前述したように新潟県の糸魚川で採れるヒスイを加工した勾玉なども埋葬されており、縄文時代の人々が広範囲に行動し、物品のやりとりを行っていたことが確認できる。

続縄文文化

おおよそ三千年ほど前、九州北部に水田稲作農耕がもたらされ、弥生文化が成立した。その後弥生文化は西日本、関東へと伝播し、東北北部でも二千五百年前には水田稲作農耕が行わるようになった。しかしこれは、前述したように東北の縄文人が弥生人に駆逐・同化されたわけでも、縄文人が弥生人に支配されたというわけでもない。

彼らの土器は、弥生土器の影響を受けてはいるが、製作技術や文様は縄文土器の特徴を残している。土偶や土版などの、縄文文化の祭祀・呪術の道具も多数確認されている。

つまり、彼ら東北の縄文人は、弥生文化をもった人々と交流をもちながら、それまでの縄文文化を残しつつ稲作を受け入れたと推測されるのである。東北の縄文人は、彼ら自身が選択する形で、ゆるやかに農耕民化したものと考えられる。

一方、北海道の縄文人は水田稲作農耕を受け入れることなく、狩猟・採集の社会を維持し続けた。そのため、北海道には弥生文化・弥生時代というものはなく、本州に

続縄文時代の墓の副葬品（写真提供　北見市教育委員会）北見市常呂川河口遺跡の墓坑より出土。石器には石鏃やナイフのほか、ヒト形の石偶・異形石器がある。（文化遺産データベースの解説より）

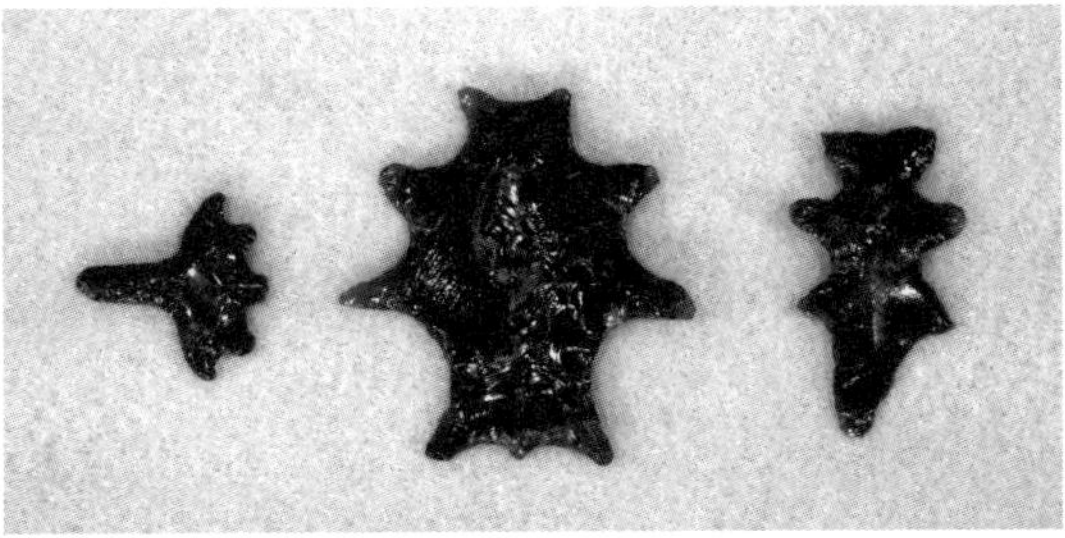

異形石器（写真提供　北見市教育委員会）矢じりやナイフのような、刃物として使うふつうの石器と違い実用品ではなく、まじないやお祈りのために作ったものとされる。左から鳥、ムササビ、ヒトの形ではないかと言われている。異形石器は続縄文時代の北海道から千島列島にかけて広く見られる。（「ところ遺跡の館」展示案内の解説より）

おける弥生・古墳文化の時代に平行する北海道の文化は、「続《ぞく》縄文文化」と呼ばれている。

北海道の縄文人が弥生文化を受容しなかった理由ははっきりしていない。寒冷な気候であったため、農耕にはあまり向いていなかったという説もあるが、北海道でも雑穀栽培は行われており、彼らは農業そのものを受け入れなかったというわけではない。

北海道は、毛皮獣やサケなど、交易品として有用な資源に恵まれていたことで、商業的狩猟民として生きることができた。続縄文人は、農耕民になれなかったのではなく、狩猟に特化した生活・文化を、積極的に選択したと考えるべきであろう。

続縄文人の南下

本州（九州・四国を含む）で古墳文化がはじまると、東北地方南部までが古墳文化圏となった。一方、東北地方北部でも大きな変化が生じている。北海道の続縄文人が南下してきたのだ。東北北部では、続縄文人の進出もあったが、東北南部からの移住者と思われる集落跡もあり、古墳文化と続縄文文化が混在する中間領域のような地域を形成していたものと思われる。

鈴谷式土器（写真提供　北見市教育委員会）常呂川河口遺跡で出土した土器。この型式の土器はアムール河口部の古金属器文化と北海道の続縄文文化との2つの土器系統の融合によって成立したと考えられており、これら2つの文化の交流を示す資料とされている。鈴谷式土器が出土するのは主にサハリン中部以南から北海道北端部にかけてであり、この土器は道東部へ客体的に搬入されたものとみられ、道東部とサハリンとの直接の交渉の可能性をも示唆する資料となっている。（文化遺産データベースの解説より）

先述しているように、津軽海峡は北海道と本州との障壁にはなっておらず、北海道と本州の人々は、交流をもち、交易を行っていた。続縄文人は、新潟県や宮城県など、古墳文化の北限とされる地域と往来し、彼らはそこで、毛皮やサケなどを交易品とし、鉄器やガラス玉などを手に入れていたと推測される。続縄文人と古墳文化人は敵対的な関係ではなく、交易が可能な友好的な相手として、交流していたのだろう。

続縄文時代前期の遺跡からは、鉄器の発見はあまり多くはない。

一方、後期になると鉄器の発見は

急激に増加する。

続縄文時代後期では、石器から鉄器への移行がかなり進んだものと思われるが、鉄器のほとんどは、北海道で生産されたものではなく、古墳文化圏との交易で入手したものと考えられている。また、後期の続縄文人は、サハリンへも往来し、特にサハリン産のコハクを交易により入手していた。

活発化する交易により、続縄文人は、古墳文化圏の鉄器をはじめとする金属製品、サハリンのコハクなど、「宝」を入手し、次第に富が蓄積した。彼らは「宝」を求めて商業狩猟と交易を拡大させ、時とともに社会は階層化し、首長は権威と立場をより高くし、富・宝をより多く持つようになる。

コハク製首飾り（写真提供　北見市教育委員会）北見市常呂川河口遺跡より出土。コハク玉は平玉や雫形に加工されているほか、特に研磨された異形のコハク玉一点が特徴的である。装身具などとして利用されたものが副葬されたものであろう。またコハクはサハリン産と考えられており、当時の交流・交易の存在を示唆する資料といえる。（文化遺産データベースの解説より）

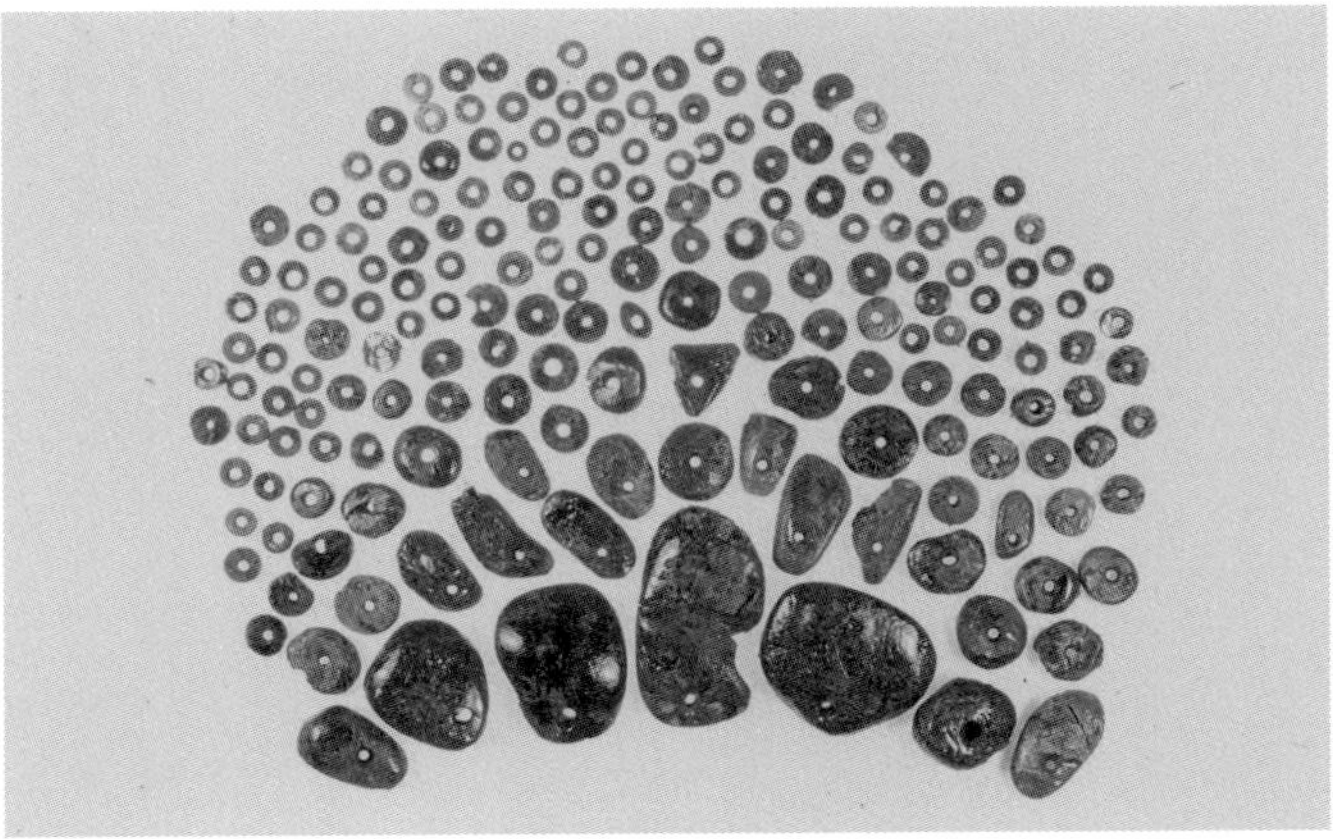

コハク製の玉（写真提供　北見市教育委員会）コハク製の玉を数百から数千連ねて作られる首飾り。続縄文時代には、土器や石器などの生活用品の他、このような豪華な副葬品が納められる墓がつくられた。こうした多数の副葬品はどの墓にも納められているわけではなく、村の指導者や呪術師など、特別な地位にあった人の墓に納められたものと考えられている。（「ところ遺跡の館」展示案内の解説より）

COLUMN

二重構造モデル

明治維新の後、日本政府は近代的で体系的な科学を吸収するため、欧米から多くの科学者や技術者を招聘した。日本に招かれた医学者の一人、エルヴィン・フォン・ベルツというドイツ人は、日本人の容貌を観察し、その結果、日本人には二つのタイプがあるのではないかという仮説に到達する。

ベルツは、丸顔で鼻の幅が広く背が低い、庶民に多いタイプを「薩摩タイプ」とし、細長い顔で鼻の幅が狭く少しばかり背が高い、どちらかというと貴族階級に多いタイプを「長州タイプ」と名付けた。また、アイヌと琉球人が似ているということも、すでに彼は指摘している。ベルツはこのことから、日本人の成立には、二つの異なる人種が関係しているのではないかと推測した。残念ながら彼の考察は、あくまでも外見的特徴を自分の感覚で分類しただけのもので、科学的な根拠のないものであった。しかし、彼の指摘した二つのタイプは、縄文人と弥生人をイメージさせる興味深いもので、この考えは、少なからずその後の人類学に影響を与えたと思われる。

エルヴィン・フォン・ベルツが主張した二種類の日本人タイプ

薩摩タイプ

西郷隆盛肖像『近世名士写真』より（国立国会図書館蔵）
※孫の隆治をもとに描かれた肖像の模写

長州タイプ

毛利元徳『幕末、明治、大正回顧八十年史』より（国立国会図書館蔵）

埴原和郎の二重構造モデル

1991年、自然人類学者の埴原和郎《はにわらかずろう》が、「日本人の集団史に関する二重構造モデル」を発表した。埴原は、「日本列島の全域には旧石器時代から東南アジア系の集団が住みついていた。そこへ、おそらくは縄文時代の終わりころから、北アジア系の集団が北部九州や本州の西端部に渡来してきた。弥生時代以後から渡来人の数は急速に増え、やがて近畿地方にまで拡散して大和文化の基礎を作った。さらに渡来集団はその数を増すにつれて東日本、四国、南部九州にまで徐々に広がり、在来の集団と混血しながら〈ぼかしの文化（混合した中間の文化）〉を作った…。（中略）日本人は〈混合民族〉というべきであり、そのもっとも簡単なモデルとして在来系（東南アジア系）と渡来系（北東アジア系）の二つの集団の〈二重構造〉が考えられるのである。」『日本人の成り立ち』（人文書院）と、二重構造説を説明する。

埴原は、旧石器時代に日本列島にやってきた東南アジア系の人々が列島に住みつき、彼らが縄文人の母集団となったと推測しているが、これについて、シベリア、サハリン、北海道というルートで、旧石器時代に渡ってきた先住系集団の存在があったとの研究が、崎谷満などにより発表されている。

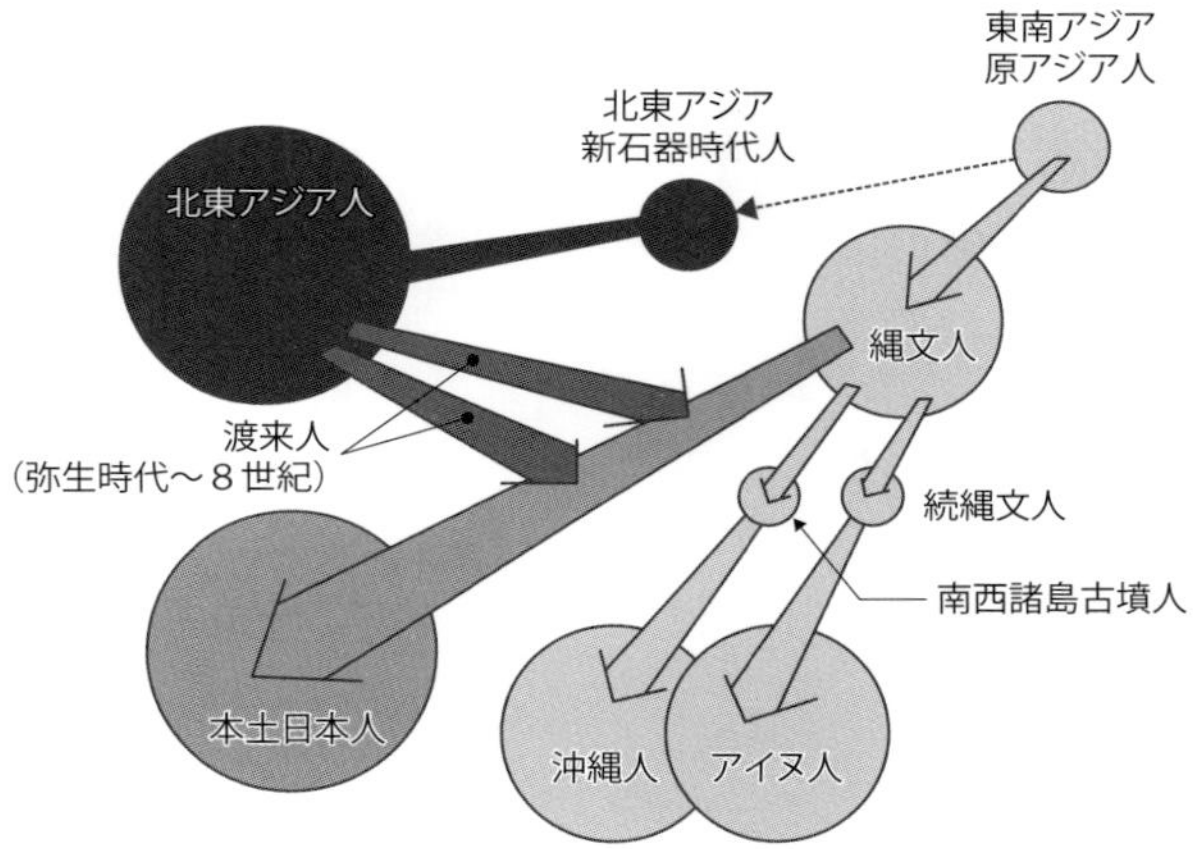

埴原和郎の二重構造モデル　頭蓋骨計測値の第1、第2主成分値によって描いた散布図。日本人の二重構造が示されている。（『日本人の成り立ち』埴原和郎より作成）

崎谷は、北方ルートでの移動が旧石器時代にあり、新石器時代（縄文時代）に入り、華北（黄河上流域）から朝鮮半島を経て西九州に移動してきた人々が、縄文文化の中心的役割を果たした人々だと推定している。そして、それらとは別に、新石器時代に南方島嶼起源の系統が、琉球諸島や南九州にやってきた可能性もあるとする。（『ＤＮＡが解き明かす日本人の系譜』勉誠出版）

このように、渡来人の移住パターンやタイミングなど、細部においては異なる説もあるが、埴原の二重構造論は、その後のＤＮＡ研究においても追認され、概要としてはおおむね正しい考え方であるということが証明されつつある。

国立科学博物館研究員の神澤秀明は、「旧石器時代より日本列島に暮らし、根付いていた縄文人がまず日本列島に広く分布し、その後に、主に北部九州に渡来した人々が南北に移動し、混血しました。その結果、本土では渡来系の遺伝要素が強く、北海道や琉球列島など、両端では、縄文系の遺伝要素が強く残りました。一口に渡来系と言っていますが、日本列島に大陸から流入してきた人々の主な起源地は、遺伝タイプから見ると、北は南シベリアから、南は東南アジアまで、広い範囲に渡っています。」と考察している。また、国立遺伝学研究所のジナム・ティモシー助教のアイヌのDNA分析についての研究を紹介し、「（DNA・遺伝要素が）明らかに、本土や琉球の現代人集団から離れた位置にあり、アイヌは非常に固有な集団である」と指摘し、さらに「本州日本人よりも、琉球日本人の方が、遺伝的にアイヌに近いことがわかります。大陸系の他の集団、たとえばヤクートなどとも離れていることから、このアイヌの特異性は、縄文人由来のものであろうと」としている（『DNAでわかった日本人のルーツ』斎藤成也監修より）。

アイヌに色濃く残る縄文人の影響

人類は、それぞれが地域ごとに文化的特性をもち、同時に住民のＤＮＡも地域により差異があることが確認されつつある。

旧石器時代、樺太経由、朝鮮半島経由、琉球諸島経由など、いくつかのルートで日本列島にやってきた人々は、日本列島が大陸から離れていることで古い遺伝子を残し、その遺伝子は縄文人、そして現代の日本人へと受け継がれた。

大陸や朝鮮半島から、縄文人とは異なる遺伝子をもった集団が日本列島に移住し、彼らは水田稲作農耕を日本列島へと持ち込んだ。彼ら渡来人は先住の縄文人と混血し、日本列島で弥生文化を育んだ。日本列島の両端では、旧来の縄文文化と縄文人の遺伝子が色濃く残った。これが日本人の成り立ちを説明する二重構造モデルである。この考えは、ＤＮＡなどの最新の研究でも裏付けられ、アイヌと琉球人に縄文人の遺伝子と文化が受け継がれていることは、このモデルでおおむね説明が可能であるように思われる。

第七章 アイヌの歴史

北海道の続縄文人は、縄文文化を受け継ぎ、本州（九州・四国を含む）とは異なる道を歩んでいたが、本州との交流・交易により少なからず影響を受け、7世紀末葉には、土師器（はじき）を模した擦文土器を使用する擦文文化に移行する。

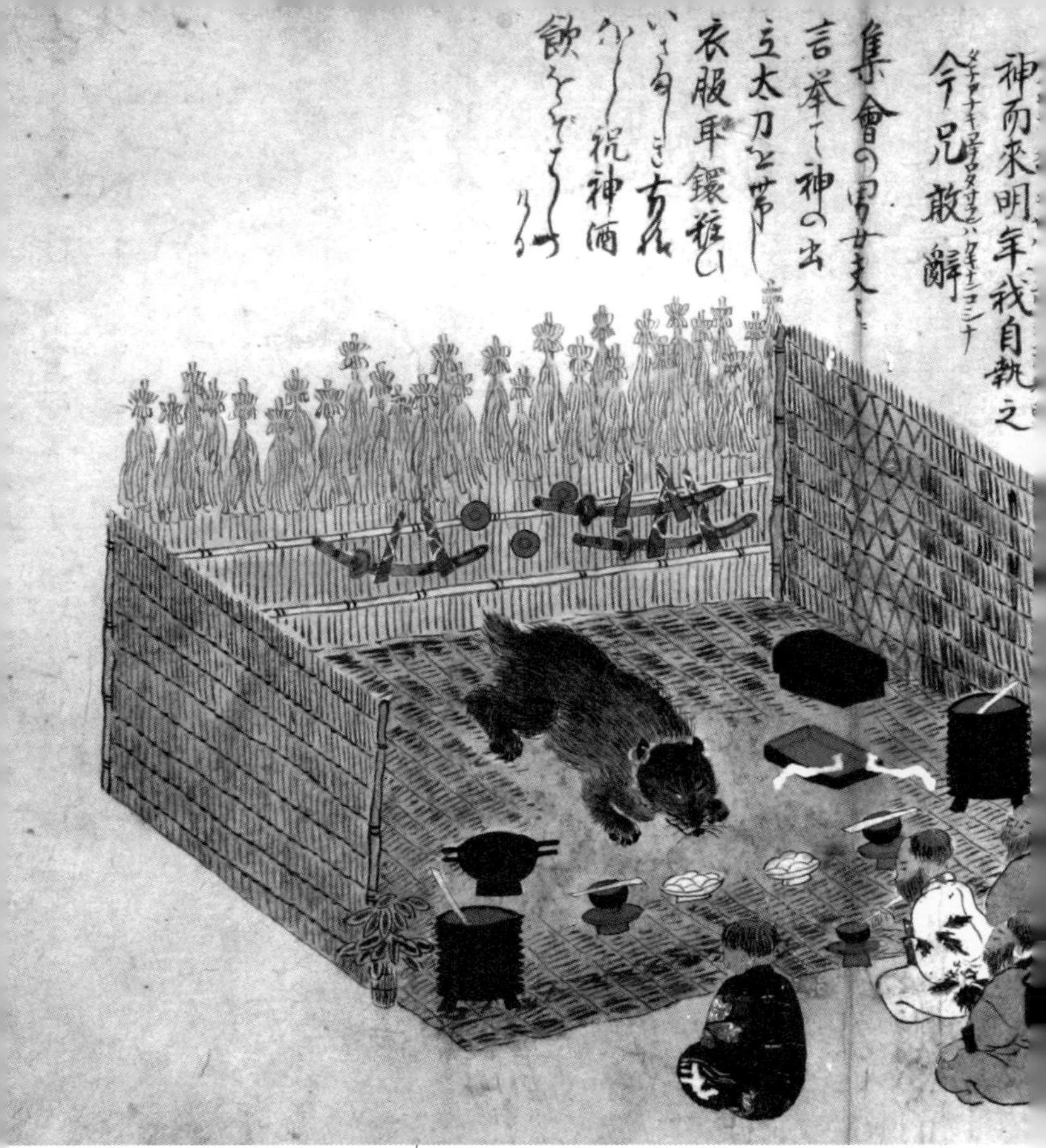

イオマンテ　『蝦夷島奇観』
（函館中央図書館版）より

に置き換わり、農耕も各地で行われるようになる。

13世紀になると、本州の影響はさらに強く北海道におよび、土器は鉄鍋、漆器椀へと置き換わり、ニブタニ文化（アイヌ文化）が成立し、いよいよ北海道は新たな時代を迎えることとなる。

オホーツク人の侵入と続縄文人の南下

東北北部に南下した続縄文人

本州（九州・四国を含む）で古墳文化がはじまった時代、東北北部、北海道、サハリン等の北方世界では、大きな変化が生じていた。

弥生時代後期以降、東北北部では、人口が減少し、過疎、あるいは人の不在といった状況が発生していた。その理由は確認されていないが、一説に、気候が寒冷化したことで、稲作が困難になったからというのが有力とされる。

ともかく、何らかの理由で人口が希薄になった東北北部に、北海道の続縄文文化の人々が南下をはじめた。

オホーツク人が北海道へ南下

これとほぼ同じ時期に、オホーツク文化の人々がサハリンから北海道へと南下し、北海道北の沿岸部に集落を構え、さらには道東のオホーツク海沿岸部に進出し、北海道の

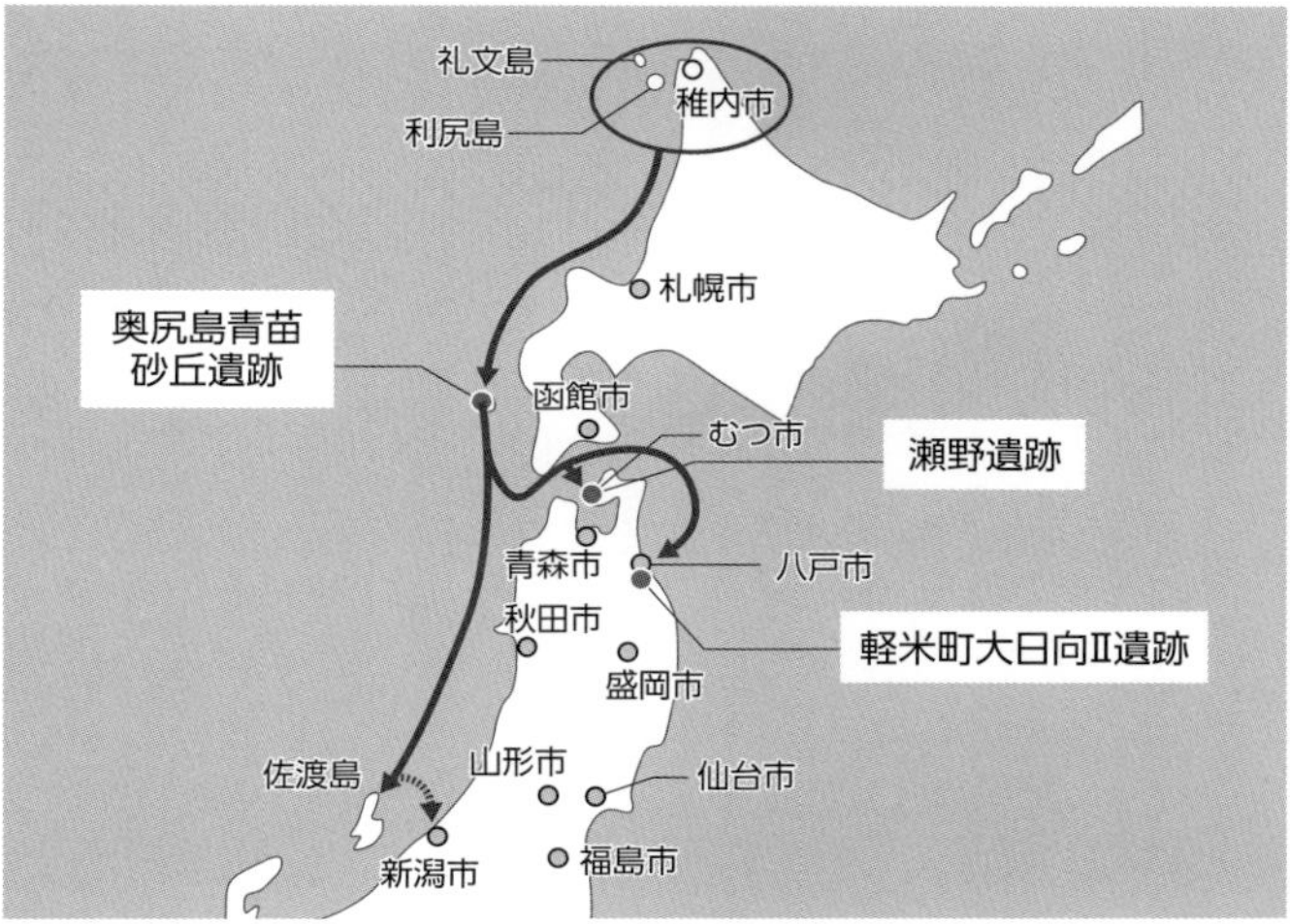

オホーツク人の南下（『アイヌと縄文』瀬川拓郎より）

地は、続縄文人とオホーツク人とに二分される形となる。

オホーツク文化とは、3世紀前後の古代サハリンで成立した海獣狩猟・漁労民の古代文化で、北海道では、9世紀ぐらいまで彼らの遺跡の存在を確認することができる。彼らは、サハリン北部に暮らすニヴフなどの祖先にあたる北方モンゴロイド集団で、北海道の続縄文人とは異なる文化の人々であった。

続縄文人の南下は、オホーツク人の進出を受け、これに押し出されたためとの説がある。オホーツク人の圧力が、彼らの南下に影響を与えた可能性は否定できないが、激しい争いがあったという様子もなく、それだけが理由であったとは思われない。

続縄文人は、6世紀以降に、オホーツク人が北海道に勢力を保っていたにもかかわらず、東北から北海道へと撤退しているが、この事実は、オホーツク人の圧力が南下の主たる理由ではなかったことを示している。

この時代、続縄文人社会に鉄器が流通しはじめ、彼らにとって鉄器は必需品になりつつあった。続縄文人が南下した理由は、古墳文化の人々との交易・交流が目的であったと考えるほうが、整合性があり納得できる。

なお、オホーツク人は道北に拠点を築き、オホーツク海や日本海を行き来していたようである。しかし、続縄文人とは敵対していたわけではないが、それなりの緊張感をもち、宥和《ゆうわ》的な関係ではなかったようだ。

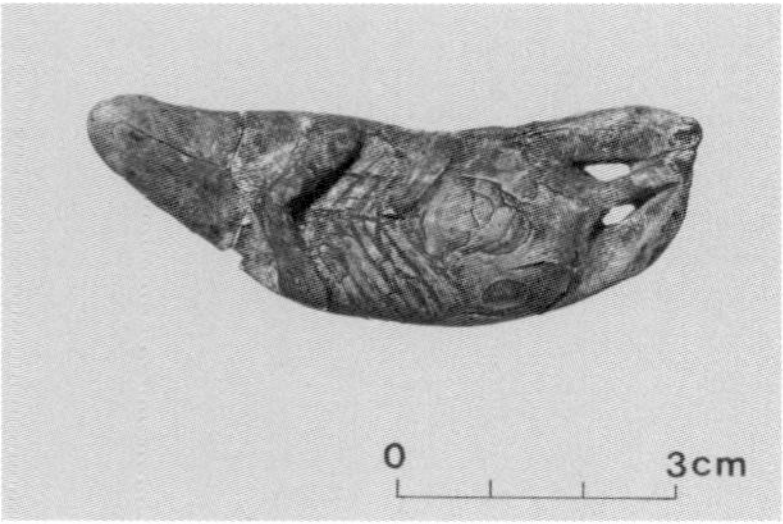

ラッコ彫像（写真提供　北見市教育委員会）
北見市常呂川河口遺跡出土　クマの牙を素材とする彫刻。オホーツク文化では動物意匠の遺物が多く見られるが、この彫刻は海面を泳ぐラッコの全身像を表現している。（文化遺産データベースの解説より）

オホーツク土器（写真提供　北見市教育委員会）北見市常呂川河口遺跡出土　口縁部と肩部に２段、海獣をデザインしたとみられる貼付文があり、その間を２本の粘土紐の貼付文が走っている。オホーツク土器には水鳥形の貼付文がしばしば見られるが、本例は、その中では少し珍しい文様をもつものである。（文化遺産データベースの解説より）

オホーツク人は日本海沿岸をしばしば南下しているが、天売島《てうりとう》、焼尻島、奥尻島などの島嶼伝いに移動していたことからも、両者が疎遠な関係性であったことが理解できる。

ではあるが、オホーツク人の土器や、オホーツク人経由でもたらされたと思われる大陸産品が続縄文人の生活地域で出土していることから、わずかながらではあるが、ある程度の交流もあったものと思われる。

阿倍比羅夫による北方遠征

『日本書紀』では、５４４年に、佐渡島の海岸に粛慎《あしはせ》という人々が来着し、しばらく留まったことが記されているが、この粛慎とは、オホーツク人であったと考えられている。

この佐渡島の対岸、現在の新潟市のあたりは、交易のために南下した続縄文人と、和人とが接点をもつ中間地点のような場所であった。オホーツク人の佐渡島への進出も、和人との交易を求めてのものであったものと推測される。

『日本書紀』には、阿倍比羅夫《あべのひらふ》による北方遠征の記事が記されている。ここで比羅夫は、蝦夷を降伏させ、陸奥の蝦夷・エミシを自分の船に乗せて渡島《おしま》に赴き、渡島で千人の蝦夷に迎えられ、彼らと対立する粛慎を討伐している。

本州の中央政権であるヤマト王権は、王権の支配領域の外である東北の、「まつろわぬ民・帰属しない東国の民」を蝦夷と呼んだ。古代には「蝦夷（エミシ）」と呼び、東北と北海道の人びとを指し、中世以降は「蝦夷（エゾ）」と呼んで、アイヌを指した。江戸時代には、渡島半島周辺を除く北海道を「蝦夷地（エゾチ）」と呼んだが、幕府は千島列島や樺太も蝦夷地に含まれるものとし、樺太を北蝦夷地と呼んだ。

多くの先行研究により、渡島は北海道であったと考えられている。これを前提に考えると、陸奥の蝦夷とは、まだヤマト王権に支配されていない古墳時代の東北の人々で、続縄文人と交易を行っていた人々であろうと思われる。

そして、渡島の蝦夷とは、北海道の続縄文人を指し、粛慎は、北海道に進出して来たオホーツク人であろう。そう考えた場合、阿倍比羅夫の遠征とは、古墳文化の東北人と交流のあった続縄文人と、ヤマト王権側の阿倍比羅夫とが、両者の交易の安定化のため、オホーツク人を排除した共同作戦であったという理解が可能となる。

こうして、オホーツク人の南下は排除され、北方地域の交易は安定化した。

なお、続縄文人との交易は、このころからヤマト王権の管理下に置かれることとなり、東北北部の蝦夷は、続縄文人との交易での利権をめぐり、ヤマト王権及びその後継政権と対立することになる。坂上《さかのうえの》田村麻呂《たむらまろ》の東北遠征、源氏の東北進出、奥州藤原氏と鎌倉幕府の対立などは、この構図の延長線上にあるものと思われる。

比羅夫の遠征　絵葉書
（函館中央図書館所蔵）

オホーツク人の柵跡（砦）とみられる奥尻島の宮津チャシ遺跡
（国土地理院の航空写真）

擦文文化の時代

農耕文化との接触が擦文文化を生みだした

本州（九州・四国を含む）の奈良・平安時代に平行する北海道の文化を、擦文文化と呼ぶ。「擦文」とは、土器の表面を木の板でなでつけた条痕を指し、擦文のある土器「擦文土器」から命名された。

なお、擦文土器は、本州の土師器づくりの手法であるハケメ調整の手法が、続縄文土器に影響を与えて成立したものと思われる。

擦文文化は、7世紀ごろから13世紀ぐらいまで続いたとされている。

先述した阿倍比羅夫の遠征後、律令国家は秋田に出先機関を設け、東北北部、北海道との交易の拠点とした。また、これが後に秋田城となり、東北の日本海側（出羽）における政治・軍事・文化の中心となり、10世紀中ごろまで機能した。

7世紀から9世紀にかけて、東北北部から道央部へ移住した人びとがいた。その人数は大きなものではなかったようだが、かれらがもたらした農耕文化は続縄文人に強い影響を及ぼし、「擦文文化」を生み出した。

擦文人は、かまどを持つ深さ1メートルほどの竪穴住居に暮らし、土器は縄文から本州の土師器に似たデザインの擦文土器へと変化し、糸を紡ぐ紡錘車《ぼうすい》や鉄製農具が急激に普及した。

擦文土器の深鉢（写真提供　北見市教育委員会）

機織《はたおり》技術は、続縄文文化にはなかった新しい技術・文化である。
擦文文化では一般的な生活道具として紡錘車を用いており、機織は続縄文文化と擦文文化の違いを示す大きな特徴の一つとなっている。

農業を受け入れつつ狩猟・商品生産を行う擦文人

それまで、北海道での農業はかなり限定的であったが、このころから、アワ、キビ、ヒエ、コムギ、オオムギなどの雑穀を主とする農業が行われるようになり、高床の貯蔵庫、脱穀のための竪杵《たてきぬ》と臼、貝製の穂摘具など、弥生文化の農耕の道具や技術が伝えられ、擦文人はこれらを受け入れた。同時に、祭祀、言語、生活文化においても、擦文人は古代日本の文化の影響を受け、この時代に、後のアイヌ文化の原型のようなものがかなり出来上がったように思われる。

彼らは、それまでの狩猟・採集民の文化に農耕民の文化を取り入れ、狩猟・漁労と農耕が複合した形での生業を生みだした。擦文人は鉄器を用いる鉄器文化であったが、そのほとんどは本州からもたらされたものであった。塗椀などの漆器、絹織物、コメなど、さまざまな文物が本州からもたらされたが、彼ら擦文人は、本州製品を得るための交易品として毛皮やサケ、ワシの羽などを大量に必要とし、その生活は、より一層狩猟と交易を重視するものへと特化し、活動範囲も拡大した。

9世紀の終わりごろ、擦文人は全道に進出し、オホーツク文化はこれに影響を受け、オホーツク文化の中心であるカラフトとの交流がほとんどなくなったこともあり、「トビニタイ文化」へと変容し、12世紀末から13世紀はじめには、彼らは擦文人に同化し、トビニタイ文化は消滅している。一方、サハリンのオホーツク人も、ほぼ同じ時期に土器使用から鉄鍋の利用へと移行し、オホーツク文化も終焉を迎えている。

なお、オホーツク人と擦文人は、対立はしていたが、交流もしていたようである。本来、オホーツク人の住居にはカマドはない（住居中央に炉はある）。一方、擦文人の住居には、壁際にカマド、住居中央に炉もあった。擦文人がサハリンに進出すると、サハリンのオホーツク人の住居にも、カマドが作られるようになった。ただし、オホーツク人の住居は擦文人の住居と形が違うのでカマドを設ける場所は異なっていたが、カマドの使用は、擦文人の影響と考えていいだろう。

擦文土器の高坏（写真提供　北見市教育委員会）

交易を重視した擦文人

道北の日本海側では、河口近くに、擦文人の大集落がいくつもあったことが確認されている。これまで、それら集落が河口に多いのは、サケ漁のためであると説明されることが多かったが、これは間違った見解である。

大河口でのサケ漁は非効率的であり、大規模な建網《たてあみ》が存在しない擦文人には、河口でサケ漁を行う理由がない。また、河口部で捕獲されるサケは脂がのりすぎていて、脂肪が酸化しやすく長期保存のための加工をするには大量の塩が必要となる。河口部でのサケ漁が盛んになるのは、近世になり、和人が建網と大量の塩を用意することができるようになってからである。

また、集落が河口に多いのは、漁村として漁に出るのに都合が良かったという考えもあるが、海での漁を重視していると考えるには、集落の位置が内陸に入りすぎていてあまり効率的ではない。

では、擦文人が、漁にあまり関係のない河川の近くに集落を築いたのはなぜであろうか。それは、彼らがその土地を、交易のための流通拠点、河口港として利用していたからと推測できる。道北の日本海側は、大陸やサハリンと北海道、本州の日本海側までを結ぶ流通ネットワークの要のような場所である。擦文人は、優秀な狩猟民として交易品を生産する一方、交易民として、日本海を中心にかなり広い範囲で活動をしていたのである。

擦文時代住居模型（写真提供　北見市教育委員会）中央に焚き火をする炉が設けられ、壁際にはカマドもつくられていた。

こうして、擦文人は交易品として有用な商品である毛皮やサケの捕獲と商品化を行うため、北海道全域からサハリンにまで活動範囲を広げ、交易で富を蓄積し、次第に大きな経済力をもつようになった。その結果、本州から漆器の椀、鉄鍋などを大量に入手することが可能となり、次第に土器づくりは行われなくなった。こうして擦文文化は終焉を迎えたのである。なお、擦文文化の終焉は地域により差異があるが、12世紀末～13世紀初頭には、おおむね全道で擦文文化は次の時代の文化へと移行した。

ニブタニ文化（アイヌ文化）の成立

11世紀ごろ、東北北部では、竪穴住居がほとんど用いられなくなり、平地住居が用いられるようになる。土器も使用しなくなり、鉄鍋や漆器椀、白木椀へと置き替わっている。この文化的変化は北海道の日本海沿岸に波及し、同地でも竪穴住居と土器使用はみられなくなり、鉄鍋や漆器が用いられるようになる。アイヌは鉄器も漆器も生産していないため、それらはすべて本州（九州・四国を含む）から交易でもたらされるのだが、漆器椀も鉄器も高価な品であり、このような変化は、アイヌの経済力の高まりなしには考えられないも

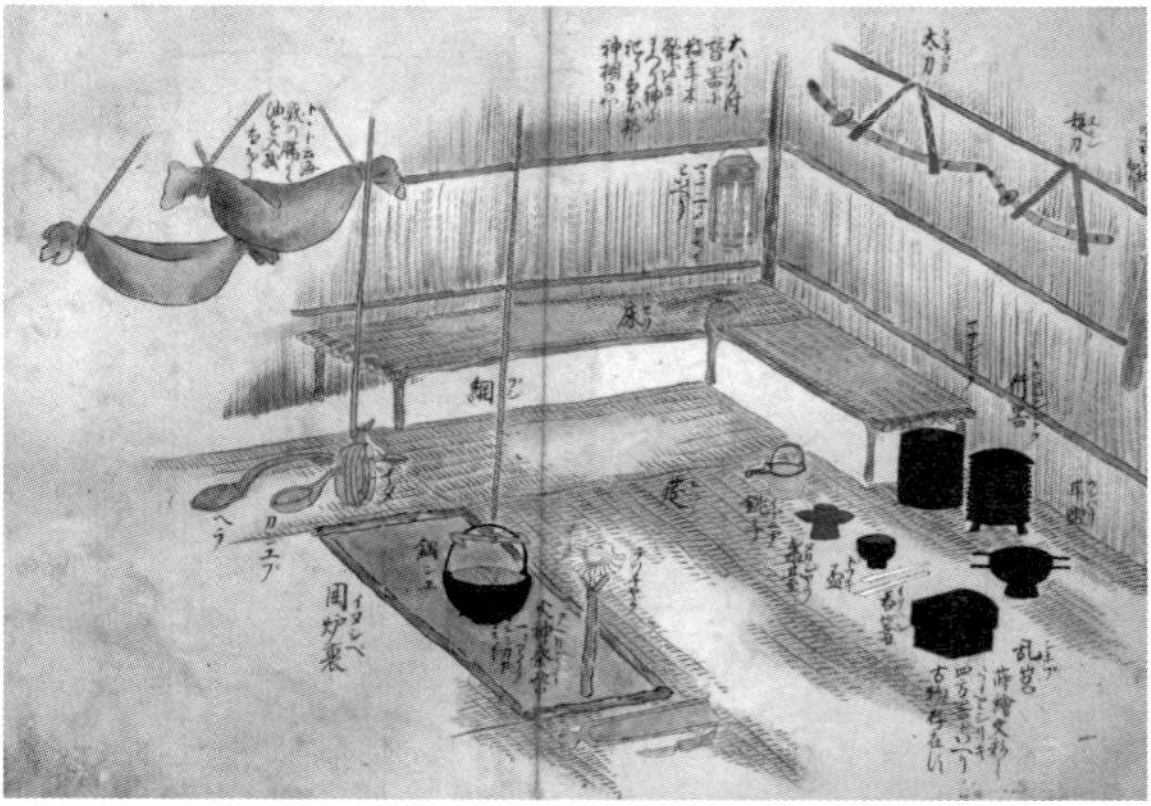

『蝦夷島奇観』屋内（函館中央図書館所蔵）

対雁《ついしかり》移住の樺太アイヌの女性たち（写真　北海道大学）　日本政府の都合で、樺太から北海道の対雁（現在の江別市）に多くのアイヌが移住を強制された

のである。

北海道の日本海沿岸では、11世紀末の段階でこのような文化的変化が生じているが、他の地域ではこれ以降もしばらくは土器と竪穴住居は使用され、北海道全域で土器と竪穴住居を使用しなくなるのは、13世紀を待たなくてはならない。

ニブタニ文化

こうして、土器と竪穴住居が北海道全域で使用されなくなった時期を擦文文化の終焉とみなし、「ニブタニ文化・アイヌ文化」の成立としている。

ここでいう「ニブタニ文化・アイヌ

文化」とは、擦文時代以後の、平地住居、漆器椀、鉄鍋使用などの物質文化の組み合わせの名称であり、考古学での時代区分としてのもので、一般の人がイメージするアイヌ文化とは、微妙に違ったものとなっている。私たちがアイヌ文化という言葉からイメージするものは、アイヌ語の口承文芸や、アイヌ独自のデザインの刺繡文様や衣類、独自の祭礼・儀式、独自に発達した狩猟文化など、近世アイヌの生活様式や文化を指している。

考古学の世界において、「文化」「時代」という語は、その時代を代表する物質文化や地名にちなんだ名称がつけられている。「縄文文化」であれば縄文土器からの命名であり、弥生時代であれば、「弥生式土器」が発掘された「弥生町」にちなんでの呼称である。また、政権の中心地の地名を冠し、「鎌倉時代」「江戸時代」という時代名称もある。しかし、「アイヌ文化」という語は、アイヌという特定の文化をもつ人々・人間集団の名称にちなんでおり、考古学的な名称としては混乱が生じやすく、あまり適当ではないものと思われる。「日本」の特定の時代を、考古学的な区分として「日本時代・日本文化」と呼んでしまうと、混乱を生じてしまうだろう。これと同じように、「アイヌ文化・アイヌ時代」という呼称を考古学的に用いるのは、好ましいとは

「蝦夷人御目見図」 木村巴江（北海道大学附属図書館所蔵）

思われない。

　本書の監修者である瀬川拓郎は、平取町の二風谷遺跡の名称にちなみ、「ニブタニ文化・ニブタニ時代」という名称の使用を提案している。二風谷は、はじめて「アイヌ文化」の遺跡が広域に調査された場所であり、アイヌ文化伝承の聖地として知られている土地である。本書では、擦文文化以降の文化について、一般的なアイヌの文化とは異なる考古学的な名称として「ニブタニ文化」と記すことにする。

　擦文人は狩猟と交易の民であった。アイヌもこれを受け継ぎ、ニブタニ時代の彼らは北東アジア世界へ進出し、日本との関係を深めつつ交易を拡大した。

14世紀以降、和人が北海道に進出をはじめ、15世紀に入ると、渡島半島に武装した和人集団・武士が進出した。

和人とアイヌの衝突

和人とアイヌは、交易を中心に交流を行っていたが、武力に勝る和人は、次第に和人に有利な条件で交易を行うようになり、いつしか両者の衝突が増加し、1547年には和人とアイヌとの大規模な戦闘であるコシャマインの戦いが発生した。そして、これに勝利した和人の蠣崎《かきざき》氏は、北海道でのアイヌとの交易を独占した。蠣崎氏は、豊臣秀吉、のちには徳川家康よりアイヌとの交易の独占を許され、江戸時代には松前藩としてアイヌ交易を独占し、松前藩と和人商人は、アイヌに対し、一方的に和人が有利な交換条件での交易を押し付けた。1669年、シブチャリ（現在の静内町）の首長であるシャクシャインは松前藩に対し蜂起するも、偽の和睦を持ちかけられて謀殺されてしまう。こうして、シャクシャインの戦いは和人勝利で終結し、松前藩はより一層厳しい扱いをアイヌに対し行うようになる。

幕末になると、ロシアからの脅威を感じた幕府は北海道を直轄地としているが、まもなく幕府は倒れ、蝦夷地は北海道と命名され、開拓の時代を迎えることとなる。

その後のアイヌは、和人の進出と明治政府の同化政策のなかで、文化伝承の困難や差別と貧困の暮らしを余儀なくされた。紙幅の関係でこれ以上取り上げることはできないが、近世から現代のアイヌの歴史については、たとえば榎森進『アイヌ民族の歴史』などで詳細に取り上げられている。

私たちとアイヌ民族の関係が未来に向かってどうあるべきかを考えるためにも、彼らがたどった苦難の歴史をさらに知っておきたい。

絵葉書「丸木舟とアイヌ」（函館中央図書館所蔵）旭川アイヌが丸木舟で鱒漁をしている

REVIEW

厳選アイヌ・ライブラリー

アイヌ文化を知るための珠玉の作品たち

『ゴールデンカムイ』

野田サトル著／集英社　1～17巻（2019年5月現在）以下続刊

時は日露戦争終結後の明治時代後半。過酷な日露戦争を生き抜いた「不死身の杉元」は、戦死した同郷の親友・寅次の妻の、眼病を治すために大金を必要としており、砂金掘りでの一攫千金を夢見て北海道へと渡る。

そこで杉元が耳にしたのは、アイヌが莫大な量の金塊を隠したという怪しげな噂であった。杉元は、その埋蔵金への手がかりが網走監獄の脱獄囚24人の体に入れ墨として彫られていることを知り、埋蔵金を探すべく暗号の入れ墨を持つ脱獄囚探しをはじめる。

その直後、純真なアイヌの美少女アシㇼパと出会い、二人は行動を共にすることになる。

陸軍第七師団の鶴見中尉の一派をはじめとする軍人たち、函館戦争で散ったはずの旧幕府軍の謎の老人など、さまざまな勢力が埋蔵金の暗号を狙い、激しい戦いが北の大地で繰り広げられる。

物語が進むことで少しずつ謎解きが進み、凄まじい迫力の戦闘シーンと魅力的なキャラクターたちの躍動感に、読者はいつの間にか『ゴールデンカムイ』の世界に引き込まれてしまうだろう。

アイヌの狩猟や料理、儀式や風習など、アイヌの文化が丁寧に紹介され、精緻に描かれた雄大な北海道の自然の美しさとともに、時代のリアリティと奥行き、ミステリアスで壮大なロマンを感じることができる作品である。マンガ大賞2016受賞作品。

『アイヌ民譚集 付・えぞおばけ列伝』

知里真志保（編訳）／岩波文庫

アイヌ民話を収集し、そして翻訳した知里真志保は、知里幸恵の弟で北海道大学教授。アイヌ文化圏各地から集められた民話を、アイヌ語のローマ字表記と日本語訳という形式で紹介している。日本本土の「正直爺さん、欲張り爺さん」に当たる「パナンペ、ペナンペ譚」はじめ、アイヌ民話の「俗」な楽しさを伝えるとても愉快な一冊。詳細な注釈がアイヌ文化の理解を助けてくれる。

『アイヌ神謡集』

知里幸恵 編訳／岩波文庫

アイヌ民族の口承文芸・カムイユカㇻ。梟の神が高潔な少年に歓待される「銀の滴降る降るまわりに」、狐が自ら歌った謡の物語「トワトワト」、水環境の大切さを謡った「この砂赤い赤い」など、教訓とユーモアをこめた神々の物語13編が、19歳のアイヌ少女・知里幸恵によりまとめ上げられた珠玉の一冊。ローマ字表記のアイヌ語と日本語訳で、アイヌ語の学習にも最適。

『カムイ・ユーカラ アイヌ・ラッ・クル伝』

山本多助／平凡社ライブラリー

道東の釧路に生まれた山本多助（1904〜1993）は、アイヌの魂がこもった文化伝承を求めた。氏は生前に、樺太から北海道まで、アイヌ文化圏各地で採録した口承文芸のエッセンスを収録。動物たちが、アイヌ民話の形式である「主人公が自身の体験を語る」ことで物語をつむいでいく。慢心家や慌て者の彼らは、その反省のうえで「だから、こういうことをしてはいけない」と聴き手・読者に教訓を伝える。収録作品の白眉は「アイヌ・ラッ・クル伝」。半神半人の英雄アイヌラックㇽの物語が、誕生から成長、そして魔神退治へと雄大なストーリーで展開する。

『カムイの剣』

アニメーション映画
発売・販売：KADOKAWA
角川春樹事務所　製作
矢野徹　原作・真崎守　脚本
りんたろう　監督

時は幕末、下北半島。少年・次郎は養母殺しの濡れ衣を着せられ、村を追われる。幕府隠密の天海に拾われた彼は蝦夷の松前に渡り、忍びとして鍛え上げられた。成長した次郎は、自らの出生の謎を探るべく旅に出る。実の親の手掛かりは、捨て子だった彼に添えられていた短刀のみ。たどり着いたアイヌの村シノピリカコタンの村長は、その短刀を見て驚く。それは代々の村長の家宝とされてきた「カムイの剣」だという。

村長の娘・オヤルルが、次郎の実の母だった。20年ぶりの再会を喜ぶ母子、そして……。激動と混乱の19世紀末、カムイの剣は海を、時代を越えて、次郎を動乱の中に巻き込んでいく。

『シュマリ』

講談社
手塚治虫文庫全集（1巻、2巻）
手塚治虫

時代は明治初期、江戸の旗本だった主人公・シュマリは自身を捨てた妻・お妙を追って北海道に渡る。開拓移民の妻になっていたお妙だが、夫と死に別れてもシュマリとよりを戻そうとはしなかった。空虚な胸中を満たすべく荒れ地を開墾し、馬飼いを始めるシュマリ。そんな彼の元に、元会津藩士の太財弥七が現れる。北海道の半分を支配する野望に取りつかれた弥七は、シュマリが知るという「旧幕府軍の埋蔵金」を奪うべく、自身の妹・お妙に生き写しのお峰を差し向ける。国家と民衆の欲望が渦巻く明治期の北海道で、不器用ながらも自然に、アイヌに、そして自身の心に寄り添う主人公の情念を、手塚治虫が描く。

『**アイヌの昔話**
ひとつぶのサッチポロ』
萱野茂／平凡社ライブラリー

日高の平取に生まれたアイヌ文化伝承者の萱野茂。氏の幼少期、祖母の夜話で伝えられ、青年期以降は自身で採録した膨大な数のウエペケㇾ（昔話）より、20篇を収録した一冊。「山菜を独り占めしてはいけない」「食器はいつもきれいに」「女性の腰ひもは大切なもの」「貧しくても知識があれば皆を救える」そんな人生訓や処世術を締めの言葉にした、意外性のある展開の物語が、優しい筆致でしたためられている。自分たちだけでグルメを楽しむ親不孝者の兄弟は鳥に変えられ、弁舌を武器に悪事を繰り返す男に災難が降りかかる。悪い根性をしている者が懲らしめられる痛快な物語は、人々がよりよく生きるための教訓と、人と神と自然が共生する、世界のあり方を我々に告げている。

『アイヌ叙事詩 **ユーカラ**』
金田一京助著／岩波文庫

アイヌの口承文芸の白眉・ユカㇻ。数夜にわたって語り継いでも語りつくせない壮大な物語を初めて体系的に研究し、「ユーカラ」の名で世に広めたのが、偉大な文学博士金田一京助である。知里幸恵の「アイヌ神謡集」、アイヌの歌人・違星北斗の作品集は、京助なくしては世に出なかっただろう。本編は1936年に出版された同名書籍の文庫版。神が自身の体験を語るカムイユーカラ、英雄神アイヌラックルがモシレチクチクコタネチクチクの魔神と戦い太陽神を救出するオイナ（聖伝）、山中の砦で生まれた少年英雄ポイヤウンペが金のラッコを求め冒険の旅に出る「虎杖丸の曲」などなど、雄大なストーリー展開と金田一による荘重な日本語文語体訳が魅力。

INFORMATION

アイヌを学べる博物館

※所在地はすべて北海道内

札幌市アイヌ文化交流センター　サッポロピㇼカコタン

市街地を離れた南区小金湯に設けられたアイヌ文化学習施設。約300点の展示物は大半を手に取り、重さや手ざわりを体感することができる。定期的に開催されるアイヌ文化体験講座では、アイヌ伝統彫刻や刺繍にも挑戦したい。

【所在地】札幌市南区小金湯27　【TEL】011-596-5961　【開館時間】8:45～22:00(展示室と庭園は9:00～17:00)　【休館日】月曜、祝日、毎月最終火曜日、年末年始（12月29日～1月3日）　【展示室観覧料金】一般200円　【HP】https://www.city.sapporo.jp/shimin/pirka-kotan/

だて歴史文化ミュージアム

北海道道内でも温暖な気候に恵まれた伊達市は縄文時代より先住民の文化が栄え、明治以降は仙台亘理伊達家によって武家文化がもたらされた。多彩な文化を誇る伊達の歴史を展示の柱に据えて、深く地域の歴史を学べるのが魅力の博物館。

【所在地】伊達市梅本町57-1　【TEL】0142-25-1056　【開館時間】9:00～17:00　【休館日】月曜（休日の場合は、その翌日以降の最初の平日)、年末年始（12月31日～1月5日）【入館料金】一般300円　【HP】https://www.city.date.hokkaido.jp/hotnews/category/168.html

ところ遺跡の館

「ところ遺跡の館」は「ところ遺跡の森」のガイダンス施設として、史跡常呂遺跡をはじめ北見市常呂地域の遺跡から出土した考古資料の展示を行っている。オホーツク地域独特の考古学的文化の変遷を資料で紹介している。

【所在地】北見市常呂町字栄浦371　【TEL】0152-54-3393　【開館時間】9:00～17:00　【休館日】月曜日、祝日の翌日、年末年始（12月29日～1月5日）　【入館料金】(※ところ遺跡の館のみ有料) 一般280円、高校・大学生160円、中学生以下・70歳以上無料（10名以上団体割引あり）　【HP】https://www.city.kitami.lg.jp/docs/7262/

阿寒湖アイヌコタン

マリモで有名な阿寒湖の南岸に、土産物店、アイヌ料理店23店が立ち並ぶアイヌコタンがある。隣接するアイヌシアターイコㇿ（客席320名）では、ユネスコ世界遺産に登録されているアイヌ古式舞踊をデジタルアートで鑑賞できる。

【所在地】釧路市阿寒町阿寒湖温泉4-7-19　【TEL】0154-67-2727　【開館時間】アイヌ生活記念館ポンチセは10:00～21:00。アイヌシアターイコㇿは5月1日～10月31日は11:00～21:55.それ以外の時期は夜間のみ（通年営業）　【休館日】なし　【入館料金】ポンチセは募金制。イコㇿは一般1080円　【HP】https://www.akanainu.jp/

旭川市博物館

上層階のテーマは「アイヌの歴史と文化に出会う」。アイヌの伝統的住居「チセ」や、狩猟、調理に使用された小刀「マキリ」等の生活用品、その他交易品の展示も充実。漫画による解説もあり、子どもから大人まで親しみやすい博物館。

【所在地】旭川市神楽3-7　旭川市大雪クリスタルホール内　【TEL】0166-69-2004　【開館時間】9:00～17:00　【休館日】6月～9月は無休、10月～5月は第2、第4月曜（祝日の場合は翌日）年末年始（12月30日～1月4日）、その他施設点検日　【入館料金】一般300円　【HP】http://www.city.asahikawa.hokkaido.jp/hakubutukan/index.html

萱野茂二風谷《にぶたに》アイヌ資料館

アイヌ民族として初めて国会議員を務めた萱野茂氏（1926～2006年）が、生涯にわたって収集、研究し続けたアイヌ民具を展示。展示物のうち202点は国の重要有形民俗文化財指定を受けた貴重なものだ。戸外には伝統家屋や倉など野外展示もある。

【所在地】沙流郡平取町二風谷79-4　【TEL】01457-2-3215　【開館時間】9:00～16:30　【休館日】なし（冬期12月～3月は、館長宅01457- 2-3295 に事前連絡を）　【入館料金】一般400円　【HP】http://biratori-kanko.jp/spot/shigeru-kayano-museum/

市立函館博物館

イノシシ型の土偶、出土銭貨としては日本最大量を誇る国指定重要文化財「北海道志海苔中世遺構出土銭」、平沢屏山のアイヌ風俗画などの美術工芸資料、ペリー来航、箱館戦争、函館大火などに関する歴史資料を多数展示している。

【所在地】函館市青柳町17-1　【電話番号】0138-23-5480　【開館時間】4月～10月は9:00～16:30　11月～3月は9:00～16:00　【休館日】月曜、毎月最終金曜日、年末年始　【入館料金】一般100円　【HP】http://hakohaku.com/

川村カ子トアイヌ記念館

上川アイヌの長だった川村イタキシロマが1916年に開いた、北海道で最初のアイヌ文化資料館。アイヌの民具数百点とともに、イタキシロマの息子で測量技術者としても高名な川村カ子ト（かねと）の業績を多数展示している。

【所在地】旭川市北門町11　【TEL】0166-51-2461　【開館時間】9:00～17:00　【休館日】なし　【入館料金】一般500円　【HP】http://k-aynu-mh.jp/

帯広百年記念館

道東十勝地方の中心・帯広市の総合博物館。一勝平野の地史や動植物、先住の人々や開拓の歴史、さらに産業などを資料で紹介。近年に新オープンしたアイヌ民族文化情報センター「リウカ」では、展示と視聴覚でアイヌ文化を体験学習できる。

【所在地】帯広市緑ケ丘2　【TEL】0155-24-5352　【開館時間】9:00～17:00　【休館日】月曜、祝日の翌日、年末年始（12月29日～1月3日）【入館料金】一般380円　【HP】http://museum-obihiro.jp/occm/

弟子屈《てしかが》町屈斜路《くっしゃろ》コタンアイヌ民俗資料館

アイヌ民族の歴史や文化に関する資料450点を、5つのテーマに分けて展示、同時に映像資料も交えて紹介され、アイヌ民族衣装の試着体験やアイヌ文様刺繍も体験することができる。

【所在地】川上郡弟子屈町字屈斜路市街1-14　【TEL】015-484-2128　【開館時期】4月29日～10月31日（期間中無休）【開館時間】9:00～17:00　【入館料金】一般420円　【HP】https://www.town.teshikaga.hokkaido.jp/03kyouiku/30syougai/25shisetsu/2009-0317-2216-102.html

白老町　ウポポイ（民族共生象徴空間）

先住民族アイヌの歴史と文化を紹介し未来へとつなぐ、アイヌを主題とした日本初の国立博物館「国立アイヌ民族博物館」とアイヌ文化を体験できるフィールドミュージアム「国立民族共生公園」を中核としたウポポイ（民族共生象徴空間）を開設予定。

【所在地】白老郡白老町若草町2-3-4　【TEL】未定（2019年5月現在）【開館時間】2020年4月24日オープン予定。9:00～17:00（予定）【休館日】月曜（祝休日の場合はその翌日）、年末年始（予定）【入館料金】未定（2019年5月現在）【HP】https://ainu-upopoy.jp/

平取町立《びらとりちょうりつ》二風谷《にぶたに》アイヌ文化博物館

現代でもアイヌ文化が受け継がれる日高の平取町。新たな伝統の創造をコンセプトとした当博物館は、アイヌ文化を暮らし、信仰、狩猟採集、造形デザインの4つに分けて展示する。狩猟用の仕掛け弓や丸木舟の実物もあり。

【所在地】沙流郡平取町二風谷55　【TEL】01457-2-2892　【開館時間】9:00～16:30　【休館日】12月16日～1月15日は冬季休館。11月16日～4月15日は月曜休館。4月16日～11月15日は休館日なし　【入館料金】一般400円　【HP】http://www.town.biratori.hokkaido.jp/biratori/nibutani/

北海道大学植物園・博物館北方民族資料室

開拓以前の植生が現代に残る北海道大学植物園内。火の神をまつる囲炉裏が再現された資料室には、アイヌはじめ北方民族の民具を展示。また屋外には、アイヌを含めた北方民族が衣食住で使用した植物を栽培展示する「北方民族植物標本園」がある。

【所在地】札幌市中央区北3条西8　【TEL】011-221-0066　【開園時間】4月29日～9月30日は9:00～16:30、10月1日～11月3日は9:00～16:00　【休園日】月曜（祝日の場合は翌日）11月4日～4月28日は冬期休館　【入園料】一般420円　【HP】https://www.hokudai.ac.jp/fsc/bg/g_n_peoples.html

北海道博物館

森林公園の緑に映える鮮やかなレンガ建築。北海道の動植物から旧石器、縄文文化から現代へと広範な時代を紹介。アイヌ文化に関する展示では、忠実に復元された昔の家屋と、2分の1サイズに再現された交易用のイタオマチプ（板綴船）が圧巻。

【所在地】札幌市厚別区厚別町小野幌53-2　【TEL】011-898-0466　【開館時間】5月～9月は9:30～17:00、10月～4月は9:30～16:30　【休館日】月曜（祝日・振替休日の場合は直後の平日）、年末年始（12月29日～1月3日）臨時休館あり　【入館料金】一般600円　【HP】http://www.hm.pref.hokkaido.lg.jp/

北海道立北方民族博物館

アイヌはじめ、東北アジア先住民族の歴史と文化を専門に展示した博物館。3から11世紀ごろ、北海道オホーツク海沿岸に栄えた「オホーツク文化」を出土品から再現模型を交え詳しく紹介。竪穴式住居模型やアイヌの儀礼具が興味深い。

【所在地】網走市字潮見309-1　【TEL】0152-45-3888　【開館時間】10月～6月は9:30～16:30、7月～9月は9:00～17:00）　【休館日】7～9月、2月休館無し。月曜（祝日の場合は翌日）、年末年始、臨時休館あり　【入館料金】一般550円　【HP】http://hoppohm.org/index2.htm

参考文献（順不同）

『アイヌ民族誌』アイヌ文化保存対策協議会　第一法規出版、『アイヌの熊祭り』煎本孝　雄山閣、『アイヌ伝承と砦』宇田川洋　北海道出版企画センター、『ものが語る歴史9　クマとフクロウのイオマンテ』宇田川洋編　同成社、『アイヌ民族の歴史』榎森進　草風館、『アイヌの矢毒　トリカブト』門崎允昭　北海道出版企画センター、『アイヌ民族と羆』門崎允昭　北海道出版企画センター、『増補改訂版　ヒグマ』門崎允昭・犬飼哲夫　北海道新聞社、『アイヌの民具』萱野茂　すずさわ書店、『萱野茂のアイヌ語辞典』萱野茂　三省堂、『アイヌ歳時記』萱野茂　平凡社新書、『アイヌのイタクタクサ－言葉の清め草』萱野茂　冬青社、『増補版　サルウンクル物語』川上勇治　すずさわ書店、『世界の食文化20 極北』岸上伸啓・木原仁美・葛野浩昭・佐々木史郎・手塚薫・吉田睦　農山漁村文化協会、『アイヌのクマ送りの世界』木村英明・本田優子　同成社、『アイヌの四季』計良智子・鍛治明香　明石書店、『北の歳時記－アイヌの世界へ』計良光範　コモンズ、『歴史と民俗　アイヌ』更科源蔵　社会思想社、『コタン生物記Ⅰ　樹木・雑草篇』更科源蔵・更科光　法政大学出版局、『コタン生物記Ⅱ　野獣・海獣・漁族篇』更科源蔵・更科光　法政大学出版局、『コタン生物記Ⅲ　野鳥・水鳥・昆虫篇』更科源蔵・更科光　法政大学出版局、『アイヌの神話』更科源蔵　みやま書房、『アイヌ伝説集』更科源蔵　みやま書房、『アイヌの伝承と民俗』ジョン・バチラー　青土社、『アイヌの暮らしと伝承』ジョン・バチェラー　北海道出版企画センター、『人間達（アイヌタリ）のみた星座と伝承』末岡外美夫　財団法人アイヌ文化振興・研究推進機構、『アイヌの婚姻』瀬川清子　未来社、『アイヌの歴史－海と宝のノマド』瀬川拓郎　講談社選書メチエ、『アイヌの世界』瀬川拓郎　講談社選書メチエ、『コロポックルとはだれか－中世の千島列島とアイヌ伝説』瀬川拓郎　新典社、『アイヌの沈黙交易－奇習をめぐる北東アジアと日本』瀬川拓郎　新典社、『アイヌ学入門』瀬川拓郎　講談社現代新書、『アイヌと縄文』瀬川拓郎　ちくま新書、『縄文の思想』瀬川拓郎　講談社現代新書、『アイヌ・エコシステムの考古学』瀬川拓郎　北海道出版企画センター、『アイヌ医事談』関場不二彦　北門活版所、『モノから見たアイヌ文化史』関根達人　吉川弘文館、『アイヌ絵を聴く―変容の民族音楽誌』谷本一之　北海道大学図書刊行会、『知里真志保著作集1　説話・神謡編Ⅰ』知里真志保　平凡社、『知里真志保著作集2　説話・神謡編Ⅱ』知里真志保　平凡社、『知里真志保著作集3　生活誌・民族学編』知里真志保　平凡社、『知里真志保著作集4　アイヌ語研究編』知里真志保　平凡社、『知里真志保著作集別巻1　分類アイヌ語辞典』知里真志保　平凡社、『アイヌ民譚集―えぞおばけ列伝・付』知里真志保編訳　岩波文庫、『アイヌ神謡集』知里幸恵編訳　岩波文庫、『アイヌの物語世界』中川裕　平凡社ライブラリー、『日本の食生活全集48　聞き書き アイヌの食事』萩中美枝・藤村久和・村木美幸・畑井朝子・古原敏弘　農山漁村文化協会、『アイヌの農耕文化』林喜茂　慶友社、『アイヌ植物誌』福岡イト子・佐藤寿子　草風館、『アイヌ人物誌』松浦武四郎　更科源蔵・吉田豊訳　平凡社ライブラリー、『松浦武四郎著　十勝日誌』松浦武四郎　丸山道子訳　凍土社、『松浦武四郎著　夕張日誌』松浦武四郎　丸山道子訳　凍土社、『アイヌの足跡』満岡伸一　アイヌ民族博物館、『あいぬ風俗略志』村尾元長　北海道同盟著訳館、『アイヌの世界観』山田孝子　講談社選書メチエ、『札幌のアイヌ語地名を尋ねて』山田秀三　楡書房、『北海道の地名』山田秀三　北海道新聞社、『樺太アイヌの住居と民具』山本祐弘　相模書房、『別冊太陽　先住民 アイヌ民族』湯原公浩　平凡社、『人類学雑誌』篇（上）　吉田巌　北海道出版企画センター、『アイヌ文化成立史』宇田川洋　北海道出版企画センター、『縄文の列島文化』岡村道雄　山川出版社、『タネをまく縄文人』小畑弘己　吉川弘文館、『ここが変わる！　日本の考古学』藤尾慎一郎・松木武彦【編】吉川弘文館、『再考！　縄文と弥生』国立歴史民俗博物館・藤尾慎一郎【編】吉川弘文館、『素晴らしい日本文化の起源　岡村道夫が案内する　縄文の世界』監修岡村道雄　宝島社、『日本人になった祖先たち』篠田謙一　NHK出版、『DNAで語る日本人起源論』篠田謙一　岩波書店、『日本列島人の歴史』斎藤成也　岩波ジュニア新書、『DNAから見た日本人』斎藤成也　ちくま新書、『DNAでわかった日本人のルーツ』監修斎藤成也　宝島社、『〈新〉弥生時代』藤尾慎一郎　吉川弘文館、『DNAでたどる日本人10万年の旅』崎谷満　昭和堂、『日本人の成り立ち』埴原和郎　人文書院、『DNAが解き明かす日本人の系譜』崎谷満　勉誠出版

監修○瀬川拓郎（せがわ たくろう）
1958年、札幌市生まれ。札幌大学教授。専門はアイヌ考古学。岡山大学法文学部卒業。博士（文学）。おもな著書に『アイヌの歴史』『アイヌの世界』（いずれも講談社選書メチエ）、『アイヌ学入門』『縄文の思想』（いずれも講談社現代新書）、『アイヌと縄文』（ちくま新書）などがある。

アイヌ文化・アイヌ語監修○関根健司（せきね けんじ）
1971年、兵庫県生まれ。1998年より平取町二風谷在住。平取町立二風谷アイヌ文化博物館に勤務。「二風谷アイヌ語教室・子どもの部」「STVラジオ アイヌ語ラジオ講座」の講師をはじめ、北海道各地の学校でアイヌ語を教えるなど、講師としての経験も豊富。

執筆○鞍掛伍郎、角田陽一

宝島社新書

カラー版
1時間でわかるアイヌの文化と歴史
（からーばん　いちじかんでわかるあいぬのぶんかとれきし）

2019年6月24日　第1刷発行

監　修　瀬川拓郎
発行人　蓮見清一
発行所　株式会社 宝島社
〒102-8388 東京都千代田区一番町25番地
電話：営業　03(3234)4621
編集　03(3239)0927
https://tkj.jp
印刷・製本：株式会社 光邦

ISBN978-4-8002-9382-4